MARCO POLO

COSTA BLANCA

COSTA DEL AZAHAR, VÀLENCIA, COSTA CÁLIDA

Reisen mit **Insider Tipps**

Ich mag die Kontraste hier. Landschaften, Feste, Kultur, die herrlichen Strände, die Naturparks im Inland. Und València steht in meinen persönlichen Top Ten spanischer Städte.

MARCO POLO Autor
Andreas Drouve

(siehe S. 126)

Spezielle News, Lesermeinungen und Angebote zu Costa Blanca:
www.marcopolo.de/costablanca

COSTA BLANCA

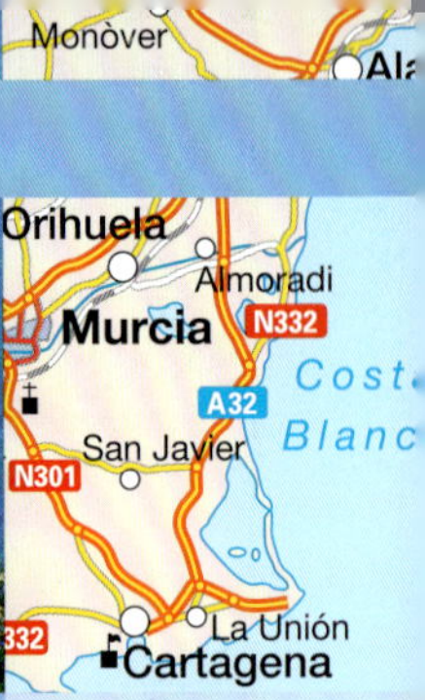

> SYMBOLE

Insider Tipp **MARCO POLO INSIDER-TIPPS**
Von unserem Autor für Sie entdeckt

★ **MARCO POLO HIGHLIGHTS**
Alles, was Sie an der Costa Blanca kennen sollten

SCHÖNE AUSSICHT

WLAN-HOTSPOT

HIER TRIFFT SICH DIE SZENE

> PREISKATEGORIEN

HOTELS

€€€ über 140 Euro
€€ 80–140 Euro
€ unter 80 Euro

Die Preise gelten pro Nacht für 2 Personen im Doppelzimmer (ohne Frühstück) zur Hauptsaison

RESTAURANTS

€€€ über 30 Euro
€€ 15–30 Euro
€ unter 15 Euro

Die Preise gelten für ein Essen bzw. für ein Tagesmenü ohne Getränke

> KARTEN

[116 A1] Seitenzahlen und Koordinaten für c Reiseatlas Costa Blanca
[0] außerhalb des Kartenausschnitt

Karten zu València, Alaca Alicante, Elx/Elche und M finden Sie im hinteren U schlag

Zu Ihrer Orientierung sin auch die Orte mit Koordi ten versehen, die nicht i Reiseatlas eingetragen si

INHALT

> SZENE

S. 12–15: Trends, Entdeckungen, Hotspots! Was wann wo an der Costa Blanca los ist, verrät der MARCO POLO Szeneautor vor Ort

> 24 STUNDEN

S. 94/95: Action pur und einmalige Erlebnisse in 24 Stunden! MARCO POLO hat für Sie einen außergewöhnlichen Tag an der Costa Blanca zusammengestellt

> LOW BUDGET

Viel erleben für wenig Geld! Wo Sie zu kleinen Preisen etwas Besonderes genießen und tolle Schnäppchen machen können:

Zum Nulltarif aufs Fahrrad S. 40 | Vor den Toren Valèncias günstig übernachten S. 50 | Eintritt frei ins Museum S. 68 | Schnäppchen auf dem Straßenmarkt S. 86

> GUT ZU WISSEN

Was war wann? S. 10 | Wo bitte geht's lang? S. 19 | Spezialitäten S. 26 | Wer's glaubt ... S. 46 | Phantasie in Mini S. 62 | Blogs & Podcasts S. 66 | Spektakel in der Kirche S. 75 | Versunkene Schiffe S. 82 | Bücher & Filme S. 84

AUF DEM TITEL
Eseltrekking bei Alicante S. 13
Cartagena: mit dem Schiff durch den Hafen S. 103

ENTDECKEN SIE DIE COSTA BLANCA!

Unsere Top 15 führen Sie an die traumhaftesten Orte und zu den spannendsten Sehenswürdigkeiten

Die Highlights sind in der Karte auf dem hinteren Umschlag eingetragen

1 Fallas
Bei Valèncias größtem Volksfest lodern im März die Flammen (Seite 23)

2 Altstadt von Peñíscola
Pflanzenkübel mit üppigen Blumen, kalkweiße Fassaden und steile Aufgänge hinauf bis zur Burg (Seite 36)

3 Naturpark Serra d'Irta
Unverfälschte Aussichten auf Berge und Küste – ein herrliches Ziel für Wanderer (Seiten 40)

4 Catedral
Valèncias Glaubensburg fasziniert mit geballter Kunst und kuriosen Traditionen (Seite 43)

5 Ciutat de les Arts i les Ciències
Valèncias Gesamtkunstwerk der modernen Architektur (Seite 44)

6 Lonja de la Seda
Das prächtige Gebäude der alten Seidenbörse von València wurde von der Unesco zum Weltkulturerbe ernannt (Seite 46)

7 Mercat Central
Schauen, riechen, staunen – und natürlich auch kaufen im Zentralmarkt von València (Seite 48)

8 L'Albufera
Seebiotop bei València, wo Reiher ihre Schwingen erheben und Enten im Uferdickicht verschwinden (Seite 50)

> DIE BESTEN MARCO POLO HIGHLIGHTS

9 Strände von Benidorm
So stark sie im Sommer auch frequentiert sind – die Strände Levante und Poniente sind Sandbänder der Extraklasse (Seite 60)

10 Guadalest
In dem malerischen Höhendorf komponieren Gassen, Museen, Berg und Tal schöne Bilder (Seite 62)

11 Penyal d'Ifac/Peñón de Ifach
Calpes bizarrer Felsgigant steht unter Naturschutz (Seite 64)

12 Palmerar/El Palmeral
Im Palmenmeer von Elx ist die Parkanlage Huerto del Cura eine der schönsten im ganzen Land (Seite 73)

13 Strände von Águilas
Die Qual der Wahl zwischen den sandigen Hauptstränden und den außerhalb gelegenen Traumbuchten (Seite 80)

14 Coves de Sant Josep/ Grutas de San José
Bootstour durch das Höhlensystem bei Vall d'Uixó: Bei gemächlichem Tempo lassen sich die prachtvollen Felsgebilde in Ruhe bestaunen (Seite 100)

15 Hafenrundfahrt in Cartagena
Berge, Containerschiffe und Verladekräne können Sie vom Boot aus einmal aus anderer Perspektive betrachten (Seite 103)

Benidorm, Platja de Ponent

AUFTAKT

Traumhafte Strände und Stadtkultur, sonniges Klima, rauschende Feste, eine lebendige Gastroszene, Naturschutzgebiete, das Hinterland mit urigen Steindörfern – es gibt viele gute Gründe für eine Reise an Spaniens Mittelmeer. Die „Weiße Küste" (Costa Blanca), die „Heiße Küste" (Costa Cálida) und die „Küste der Orangenblüten" (Costa del Azahar) tragen nicht nur klingende Namen, sondern halten selbst für Spanien-Kenner Überraschungen bereit: versteckte Buchten, Häfen, Märkte, kleine Kneipen und Restaurants für Genießer. Auf einem Extrablatt steht València, eine der pulsierendsten Städte Spaniens.

> „Hier, nimm das", strahlt Marisol und schiebt dem Fremden ein Tellerchen hin, „das musst du probieren!" Per Zahnstocher wandert ein Häppchen in den Mund. „Jetzt ganz langsam kauen – na?", fragt die Spanierin erwartungsvoll. Im Gaumen breitet sich Meeresaroma aus. „*Pulpo seco* hier aus Águilas", schwärmt Marisol, „das ist etwas ganz Besonderes!" Getrockneter Oktopus, frisch aus der Grillpfanne. Ein echtes Erlebnis, einfach köstlich, dazu der Blick hinüber zum Hafen. Wenn da keine Ferienlaune aufkommt ...

Die Vorzüge der Küche sind eine Sache, das Wetter und die Strände eine andere. Spaniens östliche Mittelmeerküste sonnt sich im Glanz eines beneidenswerten Klimas und eignet sich jederzeit als Ziel für Individualisten wie für Pauschalreisende. Zur Auswahl stehen Hunderte Küstenkilometer, die im Norden mit der „Orangenblütenküste" Costa del Azahar beginnen. Dieser Abschnitt gehört zur valencianischen Provinz Castelló de la Plana und findet mit den Stränden von Peñíscola und Benicàssim seine Höhepunkte. Südwärts schließen sich die Strände um València an, gefolgt von der „Weißen

> *Strände, moderne Metropolen und 300 Sonnentage*

Küste", der eigentlichen Costa Blanca. Hier werden Urlaubsträume wahr, gepaart mit sommerlichem Highlife im Stil von Benidorm, der Hafenstadt Alacant/Alicante oder ruhigeren Fleckchen für Familien mit Kindern. Südwärts geht die Costa Blanca in die Küste von Murcia über, die mit den Feriengebieten um La Manga del

Prächtige Jugendstilhäuser säumen den Rathausplatz von València

Mar Menor und der „Heißen Küste“, Costa Cálida, bis hinab nach Andalusien reicht; zu den Charakteristika dieses Küstenabschnitts zählen herrliche Felsenbuchten. Der Übergang nach Murcia markiert auch eine Sprachgrenze. Ist bis dahin parallel zum normalen Spanisch *(castellano)* das Valencianische *(valencià)* verbreitet, so gibt in Murcia nur noch *castellano* den Ton an. Verwirrend ist im valencianischen Sprachraum die uneinheitliche Handhabung. Die zeigt sich z.B. bei unterschiedlichen Schreibweisen von Orts- und Straßennamen, die Besuchern im Reisealltag begegnen.

An den Küsten sind mindestens 300 Sonnentage und über 3000 Sonnenstunden pro Jahr Standard, Regenfälle mancherorts ein nahezu unbekanntes Phänomen! Im tieferen Süden kann sich die Quecksilbersäule im Hochsommer um die 40-Grad-Marke bewegen, insbesondere um Murcia und Cartagena. Um Ostern sowie im Juli und August sind die meisten Spanier unterwegs – und dann herrscht allseits das meiste Leben samt aller Vor- und Nachteile. Wer im Winter aus mitteleuropäischen Breiten an Spaniens Mittelmeerküste abtaucht, wird die Ruhe genießen können und sich zu jenen Privilegierten zählen, die zu Jahres-

> Mediterranes Lebensgefühl, exotische Natur

beginn auf der Terrasse frühstücken. In der Gegend um Alacant liegt der jährliche Temperaturschnitt bei 18,5, im Januar immerhin bei 13 Grad.

València, eine der schönsten Metropolen Spaniens, bietet sich zu jeder Jahreszeit für einen Citytrip an. Die Eindrücke von Stränden und Naturschönheiten werden durch Santiago Calatravas moderne Architektur in der „Stadt der Künste und der Wissenschaften“ und eine gewaltige Zusatzportion Kultur ergänzt. Alleine der Musikpalast lockt mit seinem Konzertprogramm jährlich über eine halbe Million Besucher an. Landesweites Renommee genießen außerdem das Valencianische Zentrum für Moderne Kunst und das Museum der Schönen Künste. Die Seidenbörse zählt zum Weltkulturerbe, gleich gegenüber bezaubern die riesigen Markthallen mit ihrem ganz eigenen Flair. In der Stadt tanken Sie südlän-

WAS WAR WANN?

Geschichtstabelle

3. Jh. v. Chr.–4. Jh. n. Chr. Nach dem Zweiten Punischen Krieg Beginn der Vorherrschaft der Römer

711 Einfall der Mauren auf der Iberischen Halbinsel, nachfolgend Blütezeit des Islam auf spanischem Boden

1238 Rückeroberung von València unter König Jaume I.

1482 Baubeginn der Seidenbörse von València, Zeichen des Wohlstands der Kaufmannsmetropole

1492 Abschluss der Reconquista, der Rückeroberung der Territorien aus Händen der Mauren

1588 Untergang der spanischen Armada, gefolgt vom allmählichen Niedergang der Weltmacht Spanien

1609 Vertreibung der christianisierten Mauren, der *moriscos*

1808–14 Französische Invasion

1936–39 Bürgerkrieg im ganzen Land, Beginn der Franco-Diktatur

1960er-Jahre Wirtschaftswunder, einsetzender Massentourismus und irreparable Bausünden vor allem an den Küsten

1975 Ende der Militärdikatur von Francisco Franco, Juan Carlos wird zum König proklamiert

1996–2004 Regierungsära der konservativen Volkspartei

2004–08 Sozialistische Regierung unter José Luis Rodríguez Zapatero

2008 Neuerlicher Sieg der von Zapatero geführten Sozialisten bei den Parlamentswahlen; einsetzende Wirtschaftskrise; die Formel-1-Strecke in València feiert Premiere

dische Stimmung allerorten: in den Kneipen, in den Parks, an den Stränden, am Hafen. Plätze und Promenaden sind den Spaniern verlängerte Wohnzimmer. Man geht gut gelaunt und gelassen durchs Leben und lässt es sich nicht durch die neuesten Preisanstiege und Pressemeldungen von korrupten Politikern vergällen.

Zwischen der Costa del Azahar und der Küste von Murcia gehen Kultur und Natur Hand in Hand, präsentieren sich blühende Landschaften voll mediterraner Exotik: Unter südlicher Sonne gedeihen Orangen und Zitronen, Oliven, Dattelpalmen, Mimosen, Mandel- und Feigenbäume. Rasch wird man sehen, dass Spaniens Ostküste nicht aus feinsandigen langen Stränden allein besteht. Immer wieder schieben sich versteckte kleine Buchten und wildromantische Klippen ins Bild. Zwischen Dénia und Calp ragen die Kaps Sant Antoni und Nao in die See hinein, Küstengebirge wie El Montgó und die Serra d'Irta stehen unter Naturschutz, im Hinterland bäumen sich imposante Bergwelten auf. Dort liegt der Duft von Kiefern und Kräutern in der Luft, die Gegend um Callosa d'en Sarrià ist mit Mispelbäumen übersät. In manchen Orten leuchten Hibiskus und Bougainvilleen vor weißen Fassaden, auf dem Land wuchern Mittagsblumen, Agaven und Feigenkakteen.

Die Menschen in dieser Region haben im Laufe der Zeit zahlreiche Fremde kommen und gehen sehen: in vorgeschichtlicher Ära phönizische Händler und Seefahrer, später die Römer, im Mittelalter die Mauren, dann Piraten aus Nordafrika, die napoleonischen Truppen. Inmitten der Franco-Diktatur, ab Ende der 1950er-Jahre, begann Spanien sich als Touristenziel zu öffnen und an den Küsten selbst einzubetonieren. In Städten wie Benidorm sind die Bausünden noch sichtbar. Heute blüht das Business – und jeder weiß es als Einkommensquelle zu schätzen. Viele Einheimische finden Arbeit in der Gastronomie und in Freizeitparks oder machen sich mit Sportangeboten selbstständig. Andere gehen Knochenjobs in Handelshäfen, Raffinerien und Ziegelbrennereien nach. Auch die Arbeit im Orangenhain ist kein Zuckerschlecken. „Manche glauben, ich würde den ganzen Tag nur die Sonne und die frische Luft genießen", sagt Paco, der im Hinterland von Dénia eine Plantage bewirtschaftet. „Allein hier stehen 3000 Bäume, das ist kein Hobby, das ist Arbeit von früh bis spät." Auch Marisol, die in Águilas ein Reisebüro betreibt, muss arbeiten, wo andere Urlaub machen, weiß aber den Hebel umzulegen: Traditionen wie die tägliche Siesta und die Einkehr in die örtlichen Kneipen sind ihr heilig. Sie und ihr Mann Antonio würden nie davon abrücken. Denn was gibt es Schöneres als die klare Luft, das Meer und dazu ein paar Stückchen *pulpo seco* ...?

In Valèncias Kathedrale ist nicht zu übersehen, dass die Schifffahrt eine große Rolle spielt

> *Erholung, Sport und gutes Essen*

TREND GUIDE COSTA BLANCA

Die heißesten Entdeckungen und Hotspots! Unser Szene-Scout zeigt Ihnen, was angesagt ist

Nicole Martin
Die Stylistin liebte schon immer die Sonne, das Meer und den Lifestyle des Südens. Nichts lag für sie also näher, als nach Spanien auszuwandern. Dort erkundet sie nun nicht nur die Szene, sondern ist mittendrin. Als Tauchlehrerin kennt sie die besten Tauchspots, und als Leiterin und Vizepräsidentin des Tierschutzvereins *APASA* weiß unser Szene-Scout, wie stark gerade Natur- und Tierschutz im Kommen sind.

MODERNE KUNST

Progressive Künstler und Galerien

Die Kunstszene lässt sich nicht in ein Korsett zwängen, sondern steht auf alles, was modern ist: Fotografie, Installationen oder Skulpturen. Künstler, wie der in Cartagena geborene Angel Mateo Charris *(www.charris.es)*, sind mit surrealistischen Darstellungen Vorreiter der Szene. Zu sehen sind seine Werke unter anderem in der Galerie *My name's Lolita Art (C/ Avellanas 7, València, www.mynameslolita.com)*. Ebenfalls richtungsweisend sind die Arbeiten von Joël Mestre aus Castelló de la Plana *(www.joelmestre.com)*. In seinen Bildern verbindet er Computergrafiken und Fotografie. Hauptsache bunt und schrill ist das Motto in der *Galeria La Aurora S.L.* Hier regiert Pop-Art *(Plaza de la Aurora 7, Murcia, www.galerialaaurora.com)*. Eine Plattform für moderne Kunst bieten zum Beispiel die *Galería Benlliure* in València *(C/ Cirilo Amorós 47, www.galeriabenlliure.com)* oder die *Galería Fernando Guerao* in Murcia *(C/ de la Aurora 10, www.fernandoguerao.com)*. Dort beeindrucken innovative Installationen.

SZENE

GEFÄHRTE ESEL

Wo Dickköpfe Gas geben

Back to the routes. Die neuen Trekkinggefährten sind Esel. Lange Spaziergänge und Wanderungen können mit den Schützlingen von *E.S.E.L CostaBlanca e.V. (www.eselcostablanca.es)* unternommen werden. Lust auf eine mehrtägige Trekkingtour? Dann ab auf die Eselfarm in den Weinbergen um Benisse bei Alacant *(Kontakt: Gerhard Steger, Tel. 067/944 57 81, www.costa-blanca-net.com)*. Eselliebhaber zieht es auch zur Eselfarm *Les Murtes (Cami Les Murtes 17, Jalòn, Alacant, www.eselweb.info,* Foto*)*. Hier kann man sich den putzigsten Dickkopf aussuchen und eine Patenschaft übernehmen.

LIVE GROOVES!

Neue Klänge an der Küste

Spanische Rhythmen und Latinoklänge? Das ist nichts für die Jungmusiker der Region. Mit punkigen Variationen aus Ska und Indie sind sie in erster Linie eins: groß im Kommen! Der beste Beweis sind *Darjeeling Pop (www.myspace.com/darjeelingpop,* Foto*)*. Rund um Sängerin Dolores wird mit anspruchsvollen Solos von Gitarre, Bass und Drums für groovige Sounds gesorgt. Grungiger geht's dagegen bei den Jungs von *Yellow Pig (www.myspace.com/yellowpigrock)* zur Sache. Mit einer markanten Leadstimme, die schwer an Kurt Cobain erinnert, beeindruckt die Band vor allem live. Gelegenheit dafür bieten die Clubs *Sala Stereo (Pintor Velazquez 5, Alacant, www.salastereo.com)* und *Tasca L'Albarda (Alacant, www.tascaweb.tk)* in Polop de la Marina, welcher auch das alljährliche *Polop Rock Festival (http://poloprock.dmusic.com)* ausrichtet.

FUSION-KÜCHE

Extravaganz in den Kochtöpfen

Die Costa Blanca trumpft kulinarisch auf und ebnet neue Wege in Richtung moderner Küche. Fusion-Food ist das Zauberwort. Dabei trifft spanische Küche auf die Geschmäcker der Welt. Wenn zum Beispiel mediterrane Speisen einen Hauch Orient aufweisen, dann erkennen Gourmets die Handschrift des Küchenchefs des Restaurants *Seuxerea (C/. Conde de Almodóvar 4, València, www.seuxerea.com,* Foto*)*. Die Gerichte im *Botanero (C/. Bailén 3, Alacant, www.botanero.es)* sind eine Kombi aus mexikanischem Essen und internationaler Küche. Gegrillter Thunfisch an Kartoffelpüree steht hier ebenso auf der Karte wie das mexikanische Steak mit Knusperkruste. Stylisches Interieur und eine kleine, aber feine Speisekarte, die jeden Monat verändert wird, überzeugen im *Social 22 (C/. Zurradores 7, Valènica, www.social22.com)*. Retroambiente und die Neue Spanische Küche gibt's auch im *La Lola (C/. Subida Toledà 8, València)*.

EXTREMTAUCHEN

Labyrinth der Meere

Hier ist Mut gefragt! Beim Höhlentauchen geht's mit Profiausrüstung und Guide ab in die unterirdischen Verließe der Region. Das ist Nervenkitzel pur, denn in den verzweigten Höhlensystemen ist kein direkter Aufstieg zur Oberfläche möglich. Wer aber den Tauchgang wagt, wird mit einzigartigen Einblicken in die Unterwasserwelt belohnt oder kann noch unentdeckte Höhlensysteme, wie im El Moraig im Gebiet von Cap de la Nao, erforschen. Zum Reinschnuppern gibt's von der Tauchschule *La Manga* geführte Touren in kleinere Höhlen *(Dársena Cero Centro Commercial Local 27, Puerto Tomás Maestre, Murcia, www.lamangadiveschool.co.uk,* Foto*)*. Wer Geschmack an der friedlichen Stimmung unter Wasser gefunden hat, wendet sich an das *Dive Center Scuba Moraira (Ctra. Moraira-Calp 130, Moraira, www.scubamoraira.com)*. Auch Weltenbummler und Tauchlehrer Mark Griffin hat Kurse, Equipment und Geschichten über Wracks und Riffs im Angebot *(Carrer Major 1 Lamarina, Alacant, www.diverstime.com)*.

AUS LIEBE ZUR NATUR

Alles im Einklang

Es gibt viele Zuhause, aber nur eine Heimat. Das denken sich auch die Bewohner der Costa Blanca und setzen sich für ihre Umwelt ein. Zum Schutz der Natur werden unter dem Motto *Vias Verdes (www.viasverdes.com)* frühere Schienennetze abgebaut und zu „grünen Wegen" für Wanderer und Radfahrer umgestaltet. In Dénia geht es Freiwilligen im Rahmen der *Agenda 21 (www.agenda21denia.org)* in erster Linie um den Umgang mit Wasser. Um Nachhaltigkeit bemüht sich auch das Bio-Aparthotel *Venus Albir (Plaza Venus 7, Albir-Alfaz del Pi, Alacant, www.venusalbir.com)*. Alle Neuigkeiten rund um Natur und Umwelt in Dénia gibt's auf der Messe *Ecodénia (www.natural-feria.com)*.

KREATIVE ENERGIE

Mode mit dem gewissen Extra

Strand und Meer machen den Kopf frei und schaffen Platz für Kreativität. Das spiegelt sich in den Entwürfen der Designer wider. So zeigen sich die Models des Valencianers Manuel Fernandez auf den Catwalks in ausgefallenen schwarz-weißen Outfits *(www.manuelfernandez.com)*. Designer mit Promi-Faktor ist Jesús Cánovas *(www.jesuscanovas.com,* Foto*)*. Nach seinen maßgefertigten Schuhen sind Stilikonen wie Victoria Beckham und Sarah Jessica Parker verrückt. Die passende Tasche designt Sara Navarro *(www.saranavarro.com)*. In der Boutique von Francis Montesinos shoppt man Designerkleidung *(Conde Salvatierra 25, València, www.francismontesinos.com)*.

ABGEHOBEN

Die Hotspots der Skaterszene

Die Outdoor-Möglichkeiten der Sonnenküste sind für Skater das reinste Paradies. Beliebte Spots im Freien sind die *Plaza de Europa* in Murcia oder der *Skatepark de Picassent (Calle Desconocida, La Vila Joiosa)*. Die *Asociación de Skate Murcia (www.skatemurcia.com)* organsiert regelmäßig Skatertreffen, und selbst die Inliner warten mit einer eigenen Community auf, den *Patinadores (www.murciapatina.es)*. Ausrüstung, Tipps und News aus der Szene erhält man im Skateshop *Cinquanta Cinquanta (Vives Liern 9, Bajo Derecha, València)*.

VON MAUREN, HEILIGEN & TOREROS

Wissenswertes über einen Landstrich, wo Legenden so üppig blühen wie die Orangenbäume

BEVÖLKERUNG

Der gesamte Küstenstreifen ist – von einigen Ausnahmen abgesehen – relativ dicht besiedelt. Als größte Stadt sticht València (800 000 Ew.) hervor, dahinter folgen Alacant (320 000 Ew.), Cartagena (210 000 Ew.) und Castelló de la Plana (150 000 Ew.). Im Küstenhinterland liegen Städte wie Murcia (350 000 Ew.) und Elx (200 000 Ew.). Heutzutage leben in diesem Teil Spaniens nicht nur Spanier. Der Wirtschaftsaufschwung kurz vor der Jahrtausendwende, verbunden mit der Nachfrage nach Arbeitskräften und den Auswirkungen niedriger Geburtenraten, führte zum Zustrom von Emigranten aus Lateinamerika, Nord- und Schwarzafrika. Die seit 2008 virulente spanische Wirtschaftskrise hat inzwischen nicht nur den Zuzug gedrosselt, sondern manche außereuropäischen Immi-

Bild: Orangenplantage bei Altea

STICH WORTE

granten zum Abzug bewegt. Auf einem anderen Blatt stehen „Zuwanderer“ spezieller Art: Vor allem im Raum Dénia/Calp haben sich größere Gemeinschaften Deutscher zusammengefunden, die entweder im Arbeitsleben stehen (z. B. als Ärzte, Köche, Bäcker) oder einfach das Rentnerdasein unter südlicher Sonne genießen. Insgesamt wird die Zahl auswärtiger Pensionäre, die sich mehr oder minder regelmäßig an den Küsten aufhalten, auf einige Hunderttausend geschätzt.

FAUNA

Die dichte Besiedlung hat größere Landtiere im Lauf der Zeit zurückgedrängt. In Naturparks haben sich kleinere Spezies wie Füchse, Wiesel und Igel erhalten. Eine breitere Vielfalt bietet die Vogelwelt, u. a. mit Möwen- und Reiherarten, Eisvogel,

Austernfischer, Wanderfalke, Wiedehopf, Mauersegler, Säbelschnäbler und dem Großen Brachvogel. Mit Glück bekommt man Flamingos und Habichtsadler zu Gesicht. Das Reich der Amphibien und Reptilien ist mit Salamandern, Eidechsen und Schlangen wie der Treppen-, Ringel- und Eidechsennatter vertreten. Unter

Mauren und Christen im Festeinsatz

Wasser ist die Artenvielfalt ebenfalls beachtlich, u.a. mit Seeteufel, Meeraal, Goldbrasse und Stachelrochen.

FLORA

So kahl manche Berge aus der Ferne wirken mögen – beim näheren Hinsehen finden sich zahlreiche Sträucher und Kräuter, darunter Rosmarin, Thymian und Schopflavendel. Zum mediterranen Pflanzenkleid zählen auch Wacholder, Mastixsträucher, Ginster, Johannisbrotbäume, Schlehdorn, Zistrosen, Zwergpalmen, Kermeseichen und Kieferngewächse (Mittelmeerpinien, Aleppokiefern); Olivenbäume und Korkeichen haben wirtschaftliche Bedeutung. Einzigartig sind die von der Unesco zum Welterbe erklärten Palmenhaine von Elx.

Was an manchen Küstenstrichen gern mit angeschwemmten Algen verwechselt wird, ist in Wahrheit das Seegras *Posidonia oceanica*. Seegraswiesen zeugen von guter Wasserqualität, produzieren große Mengen an Sauerstoff, bieten Fischen Schutz und kommen in Tiefen bis zu 40 m vor. Aufklärungskampagnen führen den ökologischen Wert dieser Seegraswiesen vor Augen, die immer wieder durch Schiffsanker und Fischernetze beschädigt werden.

HELDEN UND HEILIGE

Die Spanier lieben ihre Helden und Heiligen. In keinem Terminkalender dürfen die alljährlichen Patronatsfeierlichkeiten fehlen, bei denen man der heiligen Maria oder anderer Heiliger gedenkt. An heroische Kämpfe im Mittelalter erinnern die Feste der *Moros y Cristianos* („Mauren und Christen"), die mit Umzügen, Musik und Pulverdampf die Siege über die Muselmanen ins Gedächtnis rufen. In die Schlachten war der Nationalheld und Heerführer El Cid (um 1043 bis 1099) verstrickt, dem 1094 die erstmalige Eroberung von València gelang. Jahrhunderte vor El Cid starb der heilige Vinzenz (spanisch: San Vicente Mártir) im Jahre 304 in València; den Überlieferungen zufolge war er ein Opfer der Christenverfolgungen unter dem römischen Kaiser Diokletian. Aus València gebürtig war ein weiterer heiliger Vinzenz, San Vicente Ferrer (um 1350–1419), der dem Dominikanerorden angehörte und als Bußprediger hervortrat.

KUNST UND LITERATUR

Als Meister der valencianischen Barockmalerei gelten Francisco Ribalta (1565–1628) und sein Sohn Juan Ribalta (1596–1628), die mit ihren Werken im Museu de Belles Arts in València vertreten sind. València hat mit Joaquín Sorolla (1863–1923) auch einen bedeutenden impressionistischen Maler hervorgebracht. In seinen Werken spiegeln sich u.a. Strand- und Fischerszenen der Levanteküste wider. Ein Zeitgenosse Sorollas war der Dichter Vicente Blasco Ibáñez (1867–1928), dessen Haus in València als Gedenkstätte zu besichtigen ist. Ins Deutsche übersetzt wurden Romane wie „Blutige Arena“ und „Sumpffieber“.

MODERNE ARCHITEKTUR

València schmückt sich mit einem der spanienweit größten Aushängeschilder moderner Architektur: dem aufsehenerregenden futuristischen Ensemble der „Stadt der Künste und der Wissenschaften“ *(Ciutat de les Arts i les Ciències),* das sich auf einem 35 ha großen Gelände ausbreitet. Während das zum Komplex gehörende Gebäude *Oceanogràfic* von Félix Candela entworfen wurde, tragen das strahlend weiße *Hemisfèric,* das *Museu de les Ciències Príncipe Felipe* und der *Palau des Arts Reina Sofía* die unverkennbare Handschrift von Santiago Calatrava. Der 1951 geborene Architekt stammt aus València. Valèncias Musikpalast, *Palau de la Música,* fußt auf Plänen von José María García de Paredes, Träger des Nationalen Architekturpreises. Ein anderer spanischer Vorzeigearchitekt, Ricardo Bofill, gestaltete den *Aigüera-Park* in Benidorm und einen verschachtelten Gebäudekomplex in Calpes Viertel La Manzanera.

> WO BITTE GEHT'S LANG?

Eigenheiten eines sprachlichen Mischgebiets

Stellen Sie sich vor, Sie stehen im Zentrum eines Ortes, halten den Stadtplan in der Hand und suchen eine Straße. Auf dem Plan ist der spanische Name zu lesen, auf dem Schild an der Hauswand jedoch der valencianische – keine Seltenheit in diesem Sprachmischgebiet! „Straße“ auf Valencianisch heißt *carrer,* auf Spanisch *calle.* Abweichende Ausdrücke findet man ebenso für „breite Straße“ (valencianisch *avinguda,* spanisch *avenida*) und für „Platz“ *(plaça/plaza).* In diesem Band sind solche Begriffe, wie in Spanien üblich, allgemein verständlich abgekürzt: *C/.* steht für *Carrer/Calle, Av.* für *Avinguda/Avenida, Pl.* für *Plaça/Plaza* und *s/n* für *sin número,* „ohne Hausnummer“.

POLITISCHE GLIEDERUNG

Das 45 Mio. Einwohner starke Spanien gliedert sich in 17 *Comunidades Autónomas,* Autonome Gemeinschaften, die vergleichbar mit den deutschen Bundesländern sind. Maßgeblich für diesen Band sind die Autonomen Gemeinschaften von València (23 300 km^2; die Provinzen València, Castelló de la Plana und Alacant) und Murcia (11 300 km^2). Murcia zählt zu den wenigen Autonomen Gemeinschaften, die nicht mehr in einzelne Provinzen unterteilt sind.

RECONQUISTA

Im Jahr 711 machten sich maurische Heere Streitigkeiten im Westgotenreich zu Nutze und fielen von Nordafrika her über die Straße von Gibraltar auf die Iberische Halbinsel ein. Hier setzten sie sich vor allem im Süd- und Ostteil dauerhaft fest, während ihnen vom Norden her bald der Wind der *Reconquista,* der „christlichen Rückeroberung", entgegenwehte. Diese fand mit dem Fall des letzten maurischen Reiches von Granada 1492 ihren Abschluss. Zu den Hinterlassenschaften der Mauren zählen Zeugnisse ihrer Architektur (Burgen, Paläste), zahlreiche Ortsnamen und ausgeklügelte Bewässerungsmethoden der Landwirtschaft.

SPORTRAUSCH

In der Region kommt niemand gegen König Fußball an, wobei der Traditionsclub CF València schon Uefa-Cup-Sieger, spanischer Pokalsieger (zuletzt 2008 mit dem deutschen Nationaltorwart Timo Hildebrand) und spanischer Meister war. Eine jüngere Erfolgsgeschichte hat der CF Villarreal geschrieben, der 2006 bis ins Halbfinale der Champions League vorstieß und 2008 spanischer Vizemeister wurde. Den Ballzauberern hat der 2007 erstmals in València ausgetragene America's Cup, der weltweit bedeutendste Wettbewerb im Hochseesegeln, ein wenig Aufmerksamkeit entzogen. Damit nicht genug: Seit 2008 dröhnen die Motoren der Königsklasse in València: Die Stadt wurde fester Bestandteil im Rennprogramm der Formel 1.

SPRACHE

Im Mehr-Sprachen-Land Spanien ist es eine Crux mit den Sprachen, ihrer Verbreitung und Akzeptanz und ihrem Gebrauch als Ausdruck regionaler Identität. Über allem steht das „Hochspanisch", *castellano.* Darüber hinaus sind das Galicische *(galego),* das Baskische *(euskera)* und das Katalanische *(català)* landesweit offiziell anerkannt. Nicht so verhält es sich mit Valencianisch *(valencià),* das dem Katalanischen sehr ähnlich ist – doch gerade das verursacht bis heute erbitterte politische Auseinandersetzungen. Aus valencianischer Sicht ist das *valencià* eine eigene Sprache, während die Katalanen im *valencià* nur eine Sonderform des *català* sehen. Fest steht, dass das *valencià* auf regionaler Ebene anerkannt und von der Costa del Azahar bis hinab an die südlichen Ausläufer der Costa Blanca verbreitet ist.

STIERKAMPF

Allen Einwänden zum Trotz haben die Stierkämpfe *(corridas de toros)* ihren fest verankerten Stellenwert und werden so leicht nicht aus Spaniens Traditionspanorama verschwinden. Toreros werden wie Helden gefeiert, ihr Privatleben von der Yellowpress entblättert. Der Nachwuchs wird in Stierkämpferschulen ausgebildet, doch nicht jeder schafft den Sprung an die Spitze. Statt in renommierten *plazas de toros* wie València Erfolge zu feiern, tingeln viele durch drittklassige Provinzarenen.

WIRTSCHAFT

Unter die landwirtschaftlich geprägten Zonen mit Orangenplantagen, Artischockenfeldern, Weingärten, Mandel- und Olivenhainen mischen sich immer wieder Industrie- und Gewerbegebiete – meist aus der Nahrungsmittelverarbeitung, aber auch Ziegelbrennereien und Großbetriebe mit Fliesen-, Kachel-, Steingut- und Betonproduktion. Auch die Porzellanherstellung schafft Arbeitsplätze, Elx gilt als ein Zentrum der Schuhindustrie, um Novelda findet man Marmorbetriebe. Die Häfen von València, Castelló de la Plana und Cartagena gehören zu den geschäftigsten Warenumschlagplätzen der Mittelmeerküste: Verladekräne und Containerterminals sind nicht zu übersehen. In der Region, in der der Tourismus seit Jahrzehnten eine große Rolle spielt, nimmt das Dienstleistungsgewerbe gewichtigen Raum ein. Die Arbeitslosenquote liegt bei 10–12, die Inflationsrate bei jährlich 4–5 Prozent.

Der Stierkampf – ein traditionelles, aber umstrittenes Spektakel

EXPLOSIVE FESTE

Wie kaum sonst in Spanien liebt man hier Feiern mit Knall, Feuer und Dramatik

> Wenn Fiestas anstehen, dürfen Böller und Feuerwerk nicht fehlen. Das gilt selbst für die kleinsten Orte, wo Patronatsfeste und feierlich umrahmte Wallfahrten *(romerías)* zu den Höhepunkten des Jahres zählen. Die Feste *Moros y Cristianos* (Mauren und Christen) erinnern an die Schlachten während der Reconquista – auch bei derlei Anlässen geht es laut und hoch her.

OFFIZIELLE FEIERTAGE

1. Jan.: *Año Nuevo,* Neujahr; **6. Jan.:** *Reyes Magos,* Dreikönigstag; **19. März:** *San José,* St.-Josephs-Tag; **März/April:** *Viernes Santo,* Karfreitag; **1. Mai:** *Fiesta del Trabajo,* Tag der Arbeit; **15. Aug.:** *Asunción de Nuestra Señora,* Mariä Himmelfahrt; **12. Okt.:** *Día de la Hispanidad,* Tag des Spaniertums; **1. Nov.:** *Todos los Santos,* Allerheiligen; **6. Dez.:** *Día de la Constitución,* Tag der Verfassung; **8. Dez.:** *Inmaculada Concepción,* Mariä Empfängnis; **25. Dez.:** *Navidad,* Weihnachtstag.

Je nach Landstrich gesellen sich weitere Feiertage wie *Jueves Santo* (Gründonnerstag), *Lunes de Pascua* (Ostermontag) und *Día del Corpus* (Fronleichnam) hinzu. Auch den lokalen Schutzpatronen sind Feiertage gewidmet, in València z.B. *San Vicente Mártir* am **22. Jan.** und *San Vicente Ferrer* am **1. Mo nach Ostern**. Am **9. Okt.** ist Regionalfeiertag in der Autonomen Gemeinschaft València.

FESTE UND VERANSTALTUNGEN

Januar

5. Jan.: Umzüge am Vorabend des Dreikönigstages, u.a. in Alacant, Dénia, Benicàssim, Elx und Benidorm; an der Küste landen die drei Weisen aus dem Morgenland häufig per Boot an

Februar

Karnevalsfeiern u.a. in Peñíscola, Alacant, Benidorm, Torrevieja; als Rio de Janeiro in Kleinformat feiert Águilas seinen Karneval Insider Tipp

Aktuelle Events weltweit auf www.marcopolo.de/events

> EVENTS
FESTE & MEHR

März

Fallas: Vielerorts stellt man Monumentalgebilde aus Holz und Pappmaché auf, lässt sie einige Tage lang stehen und verbrennt sie am St.-Josephs-Tag (19.) bzw. in der Nacht auf den 20.; dazu schießt man Feuerwerkskörper ab. Unerreicht ist die ★ Fallastradition in València, aber auch in kleineren Städten wie Sagunt und Xàtiva, außerdem geht's in Benidorm und Burriana hoch her

Insider Tipp *Fiestas de la Magdalena:* Stadtfest in Castelló de la Plana mit Umzügen, Tanz, Feuerwerk (Beginn mitunter bereits in der letzten Februarwoche)

März/April

Ostern *(Semana Santa)* mit Karprozessionen u.a. in València, Alacant, Murcia, Cartagena, Elx, Lorca und Sagunt

Am 23. April *Moros y Cristianos* in Alcoi

Juni

Am Vorabend des Johannistages (24.) Johannisfeuer, *Hogueras de San Juan,* u.a. in Benidorm und Dénia

Juli

Fiestas Mayores Santísima Sangre, Patronatsfest in Dénia

Am 16. verehren die Seeleute ihre Patronin Virgen del Carmen mit Meeresprozessionen, u.a. in Alacant, Isla de Tabarca, Santa Pola und Calp

August

★ *Misteri d'Elx,* Mysterienspiel von Elx (zur Monatsmitte); *www.misteridelx.com*

Tomatina, Tomatenschlacht von Bunyol (am Monatsende); *www.latomatina.es*

September

Feria de Septiembre, Septemberfest in Murcia mit Folklore, *Moros y Cristianos*

In der zweiten Monatshälfte *Fiestas de Cartaginenses y Romanos,* das „Fest der Karthager und Römer" in Cartagena

Oktober

Am ersten Wochenende *Moros y Cristianos* in Benidorm

> ZWISCHEN PAELLA UND ENGELSHAAR

Karges Frühstück, Tapas zwischendurch und die Kunst des stundenlangen Tafelns

> Spanier sparen an einem ganz gewiss nicht: an den Investitionen ins leibliche Wohl. Essen und Trinken haben einen besonderen Stellenwert, und dazu nimmt man sich ausgiebig Zeit – ganz gleich, ob mit Arbeitskollegen und Freunden oder im Kreis der Familie.

Eine Mahlzeit kann durchaus zwei oder drei Stunden in Anspruch nehmen. Auf mehrere Gänge folgen zum Abschluss der Kaffee und ein Digestif. Ernüchternd hingegen ist das Frühstück *(desayuno)*, das gegen 8 Uhr eingenommen wird und das weder qualitativ noch quantitativ mit dem Mittag- und erst recht nicht dem Abendessen mithalten kann: Zu Tagesbeginn lieben es die Spanier spärlich und süß. Zum Milchkaffee *(café con leche)* gesellt sich allenfalls ein Croissant, ansonsten wartet man den weiteren Verlauf des Tages ab. Und der bringt gegen Mittag Tapas auf den Tisch, Appetithäppchen jedwe-

Bild: Tapas

ESSEN & TRINKEN

der Art, mit denen man sich gerne auf das Mittagessen *(comida)* einstimmt. Dieses steht ab etwa 13.30 bis 14 Uhr an, während die Zeit für das Abendessen *(cena)* um 21 bis 21.30 Uhr naht. Da ausländische Gäste diesen Rhythmus nicht gewohnt sind, tischen manche Restaurants in Ferienorten weitaus früher ihre Gerichte auf. Und viele Hotels haben sich mit Frühstücksbüfetts auf die Bedürfnisse der Gäste eingestellt.

Angesichts gestiegener Kosten und gesunkener Bestände ist Fisch recht teuer geworden. Beliebt sind Wolfsbarsch *(lubina),* Seeteufel *(rape),* Seeschnecken *(caracoles de mar),* Oktopus *(pulpo)* und kleine Tintenfische *(chipirones)*. Ansonsten ist die Paella Standard, ein Reisgericht, dessen Qualität allerdings stark variieren kann. Leider verkaufen manche „Touristenschuppen“ Reis mit billigem Fischsud als „authentische Paella". Bei einer guten Paella sind die Zutaten immer deutlich erkenn- und schmeckbar, beginnend beim Gemüse (u.a. Paprika, Tomaten) bis – je nach Variation – zu den Meeresfrüchten (u.a. Tintenfisch, Muscheln) und der Fleischbeigabe (z.B. Schwein, Huhn, Lamm oder Kaninchen).

Obgleich mitunter einfache Tellergerichte *(platos combinados)* im Angebot stehen, sind Spanier meist an mehrgängige Essen gewöhnt. In Einheimischenrestaurants ist man werktags mittags mit einem dreigängigen Tagesmenü *(menú del día)* gut bedient, das es inklusive Tafelwein

> SPEZIALITÄTEN

Genießen Sie die typisch spanische Küche!

arròs a banda/arroz a banda – in Fischsud gegartes Reisgericht

arròs negre/arroz negro – Reis mit Tintenfisch und dessen Tinte; wörtliche Übersetzung: „schwarzer Reis"

botifarra/butifarra – Schweinswurst, kalt oder heiß, in schwarzer und weißer Variation (*butifarra negra* bzw. *blanca*)

caldero – Reisgericht aus dem Sud verschiedener Krustentiere und Fischarten

cruet de peix – Fischeintopf, beliebt z.B. in der Gegend von Xábia

fideuá – die Nudelvariante der Paella, basierend auf Suppennudeln *(fideos)*

gambas – Krevetten, gerne zubereitet auf der Grillplatte *(gambas a la plancha)* oder mit Knoblauch gegart *(gambas al ajillo)*

horchata – Erdmandelmilch, gut gekühlt im Sommer eine herrliche Erfrischung

langostinos – große Garnelen; besonders gut (und entsprechend teuer) sind frische *langostinos* aus Peñíscola

mariscada – gemischte Meeresfrüchteplatte, zu der Krevetten und große Garnelen ebenso gehören können wie Kaisergranat *(cigalas)* und Schwertmuscheln *(navajas)*

nísperos – Mispeln, verbreitet vor allem im Hinterland von Benidorm und Calp; die aromatischen Früchte werden gerne in Sirup eingelegt *(nísperos en almíbar)* oder zu Mispelhonig *(miel de níspero)*, zu Mispelnektar *(néctar de níspero)*, zu Mispelmarmelade *(mermelada de níspero)* und zu Mispelschnaps *(aguardiente de níspero)* verarbeitet

paella – Die Reispfanne ist der unverwüstliche Klassiker der spanischen Mittelmeerküche; die mit Safran (ersatzweise Gelbwurz/Curcuma) eingefärbte Paella kommt in zahlreichen Variationen auf den Tisch, z.B. als Paella mit Krustentieren *(paella de mariscos, paella marinera)* und als gemischte Paella *(paella mixta)* mit Fisch und Fleisch (meist Huhn). (Foto)

pescado en escabeche – Fisch, z.B. Thunfisch, in (Orangen-)Marinade

pulpo seco – Oktopus, getrocknet, dann auf der Grillplatte gebraten

schon ab etwa 8–9 Euro gibt. Hier darf niemand mit kulinarischer Erfüllung rechnen, aber mit solider Qualität und schmackhaften Speisen. Als Vorspeisen oder Zwischenmahlzeiten teilt man sich gerne diverse Platten (*tablas;* Käseplatte heißt *plata de quesos*) oder Portionen (*raciones;* eine Portion Miesmuscheln heißt *ración de mejillones*). Höhere Speiseansprüche decken Spitzenrestaurants mit einem „Degustationsmenü" *(menú de degustación)* ab, bei dem der Küchenchef zeigen kann, was in ihm steckt, und in kleinen Portionen die verschiedensten Kostproben aufführt; hier sollte man allerdings Preise ab 30 Euro pro Person einkalkulieren. Ausgesprochen gute Degustationsmenüs kosten aber auch leicht das Doppelte.

Spanier lieben es gerne süß – nicht nur beim Frühstück. Bei manchen Nachtischen und Konditorwaren mag der hohe Zuckergehalt an mitteleuropäische Geschmacksgrenzen stoßen. Alacant und Xixona sind Heimat der *turrones,* jener traditionellen Nuss- oder Mandelhonigtafeln, die bei Spaniern auf keiner Weihnachtstafel fehlen dürfen. Die Variationen reichen von cremig-weich bis nussig-hart. In den üppigen Orangenregionen wandern die Apfelsinen in die Saftproduktion oder werden als Speisefrüchte angeboten.

Mit Blick auf Fest- und Flüssignahrung erfreuen sich die Hinweise auf haus- und handgemacht *(casero, artesano)* unter Spaniern besonderer Wertschätzung. In Peñíscola verkauft das in der Altstadt gelegene Geschäft

Insider Tipp *La Casa del Papa Luna (C/. Mayor 33 | www.lacasadelpapaluna.com)* hausgemachten Wermut *(vermouth casero)* und Kolanusslikör *(licor de nuez de kola)* der Marke „Papa Luna". Dieser gute Tropfen wird seit 1894 an der Costa del Azahar in Familientradition aus der afrikanischen Kolanuss hergestellt. Aus Cartagena stammt der landesweit bekannte Kräuterlikör „43", ein äußerst süßer Tropfen.

Delikat: Seeteufel mit Gambas

Im Weinland Spanien tragen die Anbaugebiete von València und Alacant eine geschützte Herkunftsbezeichnung (*Denominación de Origen,* kurz DO). Ein Stück weiter im Inland bringen DO-Regionen wie Utiel-Requena, Yecla und Jumilla anerkannt gute Rotweine hervor. In Bierstuben, *cervecerías,* trinkt man auch gerne Bier.

WER DIE WAHL HAT ...

Angesichts eines riesigen Ramschangebots gilt es, den Blick für das Besondere zu schärfen

> Geschäfte gibt es hier wie Sand am Meer – und ebensoviel Ramsch *made in China* und *made in India*. In einer Stadt wie Benidorm gleichen die Shoppingzonen gigantischen Handelslagern aus Asien und fahren eine inflationäre Auswahl an Taschen, T-Shirts und Nippes auf. Ein solches Angebot an Massenware trübt den Blick für das Besondere, doch immerhin sorgen die Shoppingzonen für pralles Leben.

KULINARISCHES

Produkte für den verwöhnten Gaumen lassen sich mancherorts direkt beim Erzeuger kaufen, ob Liköre und Süßweine in Benicàssim oder leckere Mandelhonigtafeln *(turrones)* in Xixona. Gläser mit eingelegten Kapern *(alcaparras)* gibt es in Águilas. In Supermärkten kann man sich gut und günstig mit eingelegten Oliven *(aceitunas)* und kaltgepresstem Olivenöl *(aceite de oliva virgen extra)* eindecken; das Preis-Leistungs-Verhältnis ist durchweg sehr gut. Der Kauf von Olivenöl und Flaschenweinen empfiehlt sich in erster Linie für jene, die mit dem Auto anreisen. Ansonsten erschweren die Fluggepäckbestimmungen den bruchsicheren Transport. Ausgelaufenes Öl oder Wein im Koffer stehen in keinem Verhältnis zu den vorangegangenen Einkaufsfreuden. Gut transportabel hingegen sind *chorizos,* Hartwürste mit bestechendem Paprika- und Knoblaucharoma. Noch besser, Sie lassen sich Würste und Käse gegen geringen Aufpreis in Plastik einschweißen *(envasar al vacío).*

KUNSTHANDWERK

Ein Klassiker unter den Souvenirs ist und bleibt Keramik: ob ein Teller für die Wand oder eine (für die Spülmaschine allerdings wenig geeignete) Schale für den Salat. In der Altstadt von Peñíscola gibt es Tonwarenshops mit handgemachten Krügen und Vasen mit originellen Designs; im Hinterland von Alacant wird man in und um Agost fündig. Ein dekoratives Mitbringsel aus der Gegend um Sagunt ist der Henkelkrug aus

> EINKAUFEN

Kork und verziertem Metall, der – je nachdem, ob er liegt oder steht – *colcho* oder *colcha* genannt wird.

MÄRKTE

Populär sind *rastros* und *mercadillos*, Straßenmärkte mit Trödel und buntem Allerlei, die in vielen Orten ihren regelmäßigen Wochentag und ihre festen Zonen haben. Bei den Angeboten stehen Kleidung und Sommerkleidung hoch im Kurs, doch billig bedeutet nicht zwangsläufig preiswert. Hier sollten Sie die Stücke kritisch begutachten und – nicht nur nach Ihrer Sommerlaune – auswählen. Lebhaft geht es auch auf den normalen Wochenmärkten *(mercados)* zu, auf denen man sich nicht nur mit Obst und Gemüse, sondern auch mit typischen Regionalerzeugnissen wie Käse, Honig, Wein und Olivenöl eindecken kann. Die Markthallen öffnen im Regelfall Mo–Sa 8–14 Uhr, wobei montags die Fischabteilung geschlossen hat. Eine der schönsten, größten und stimmungsvollsten Markthallen in ganz Spanien steht in València, gleich gegenüber der Seidenbörse.

MODE

Mit seinen vielen Boutiquen und Schuhgeschäften für Sie und Ihn ist València ein gutes Einkaufspflaster. Alles unter einem Dach bietet die Kaufhauskette *El Corte Inglés*, die durchweg Wert auf Qualität legt und sich dadurch, aber auch durch entsprechende Preise auszeichnet. Ketten wie *Zara* und *Mango* richten sich mit junger Mode an finanziell weniger gut Budgetierte.

MUSIK

Klischees hin oder her – der Rhythmus steckt Spaniern im Blut. Außerdem hört man gerne Pop und Rock in der eigenen Sprache. Zu den Chartstürmern zählen Café Quijano, Estopa, Amaral, Juanes, Efecto Mariposa, El Sueño de Morfeo und La Oreja de van Gogh. Gut sortierte Musikabteilungen, in denen Sie die CDs bekommen, findet man in den Kaufhausfilialen der Kette *El Corte Inglés*.

> STRÄNDE, BERGE UND ORANGENBLÜTEN

Farbspiele allerorten: gelbe Strände, blaues Meer, grüne Naturparks und leuchtendes Orange in den Apfelsinenhainen

> Die „Orangenblütenküste", Costa del Azahar, macht ihrem Namen alle Ehre. Im Frühjahr verströmen die blühenden Bäume besonders betörende Düfte, kilometerweit bestimmen Plantagen das Bild und bescheren exotische Ansichten. Hinzu gesellen sich Oliven, Mandeln, Artischockenfelder.

Der sonnendurchflutete Küstenstrich fährt alle Zutaten für einen gelungenen Urlaub auf: Meeresfrüchte satt in den Restaurants, Fischerhäfen und Strände, stimmungsvolle Städtchen wie Peñíscola, Höhlen und urige Örtchen im Hinterland, Naturschutzgebiete wie Serra d'Irta und Desert de les Palmes. Während so mancher Mittelmeerstreifen unter Bettenburgen aus Beton begraben liegt, setzt die rund 120 km lange Costa del Azahar noch einen echten Glanzpunkt. Ebenfalls reizvoll ist die Entdeckung des Hinterlandes mit Unterkünften in urig-ländlichem Rahmen,

Bild: Burgruine von Morella im Hinterland der Costa del Azahar

COSTA DEL AZAHAR

so wie in Vilafamés. Lassen Sie sich überraschen!

BENICÀSSIM/ BENICASIM

[117 E4] **Der etwas fremdartig klingende Name des weit auseinandergezogenen, ca. 80 km nördlich von València gelegenen Städtchens (16000 Ew.) ist arabischen Ursprungs; zwischen dem 11. und 13. Jh. tobten in dieser Gegend viele Kämpfe zwischen Mauren und Christen.** In späteren Jahrhunderten sahen sich die Küstenstriche ein ums andere Mal von Piraten bedroht; der hinter der Platja Torre Sant Vicent gelegene Wachturm aus dem 16. Jh. war in ein umfangreiches Verteidigungssystem aus vermutlich 20 Türmen eingebunden.

Ab Ende des 19. Jhs. bliesen dann wohlhabende Valencianer zur Attacke auf Benicàssim: Vorreiter des

Tourismus, die sich hinter den Stränden prächtige Villen erbauen ließen und hier lange Sommer verbrachten. Die ausgedehnten Sandstrände und das angenehme Klima sind noch heute das Hauptkapital von Benicàssim, die historischen Villen stehen mittlerweile unter Denkmalschutz.

Sonnenbad an der Platja Heliópolis von Benicàssim

SEHENSWERTES

BODEGAS CARMELITANO ★

Auf die Karmelitermönche geht die Produktion schmackhafter Tropfen zurück, angeführt vom *licor carmelitano,* der auf einem „Wunderrezept" aus 40 verschiedenen Kräutern fußt. Bei kurzen geführten Rundgängen durch die angejahrten Kellerei-, Destillier- und Abfüllanlagen schlägt Besuchern ein süßliches Düftchen entgegen; allerdings sind hier nicht die Brüder selber am Werk, sondern normale Angestellte. In manches Eichenfass gehen 4000 l, am Ende wartet die im Eintrittspreis von gegenwärtig 2 Euro enthaltene Probe. Insider Tipp In der Probierpalette stehen der süßliche „Messwein", Moscatel, Apfel-, Haselnuss- und Karmeliterlikör. Der gut sortierte Verkaufsshop bietet die ganze Auswahl zu durchaus fairen Preisen. *C/. Bodolz 10 | tgl. 9–13.30 und 15–18.30 (im Sommer 15.30 bis 19.30) Uhr | www.carmelitano.com*

ESSEN & TRINKEN

CASA VICENTE

Beliebt unter Einheimischen, vor allem wegen des außerordentlich günstigen Tagesmenüs. Insider Tipp Ebenfalls sehr schmackhaft: die Paella. *Sa geschl.* | *Plaça La Estación 8* | *Tel. 964 30 12 49* | €

MESÓN LA ESTAFETA

Gepflegtes Ambiente, zentrumsnah. Hier ist man auf die typische Mittelmeerküche spezialisiert. *Juli/Aug. tgl., sonst So abends und Mo geschl.* | *Paseo Pérez Bayer 35* | *Tel. 964 30 21 81* | *www.mesonestafeta.com* | €€

ÜBERNACHTEN

MONTREAL

Zweckmäßiges Drei-Sterne-Haus mit einem Sommerpool. Die optionalen Aufschläge für Halb- und Vollpension stehen in einem angemessenen Preis-Leistungs-Verhätnis. *70 Zi.* | *C/. Les Barraques 5* | *Tel. 964 30 06 81* | *Fax 964 39 37 17* | *www.hotelmontreal.es* | €–€€

TERMAS MARINAS EL PALASIET

Thermalhotel mit vier Sternen, das allerdings etwas außerhalb gelegen ist. Hier finden sich vor allem Anhänger der entspannenden Thalassotherapie ein. Diverse Mehr-Tages-Pakete mit Unterkunft, Verpflegung und Wellness. *74 Zi.* | *Partida Cantallops s/n* | *Tel. 964 30 02 50* | *Fax 964 30 22 36* | *www.termasmarinas.com* | €€€

TRAMONTANA

Strategisch günstige Lage hinter der Platja Torre Sant Vicent mit kurzen Wegen zum Strand sowie zur Promenade. Das Haus ist ein lang gestreckter Block und hat zwei Sterne. *65 Zi.* | *Paseo Marítimo Ferrandis Salvador 6* | *Tel. 964 30 03 00* | *Fax 964 30 46 21* | *www.hoteltramontana.com* | €

FREIZEIT & SPORT

Im Sommer zieht es Wasserratten in die großen Poollandschaften des Wasserparks *Aquarama (Ctra. N-340* | *Mitte Juni–Anfang Sept. tgl. 11–19 Uhr* | *www.aquarama.net)* mit Rut-

MARCO POLO HIGHLIGHTS

★ Altstadt von Peñíscola
Dörfliche Atmosphäre in diesem mauerumzogenen Viertel, das ansteigt bis zum Kastell (Seite 36)

★ Naturpark Serra d'Irta
Klippen, Strände, Wanderwege und Traumblicke südlich von Peñíscola (Seite 40)

★ Vilafamés
Uriger Ort im Hinterland mit Burgruinen und ländlichen Unterkünften (Seite 36)

★ Desert de les Palmes/ Desierto de las Palmas
Die raue Bergwelt im Rücken von Benicàssim (Seite 35)

★ Bodegas Carmelitano
Im Reich der Süßweine und Liköre – Kostproben inklusive (Seite 32)

★ Strände von Benicàssim
Sandiges Kapital mit Promenadenzusätzen – die schönsten Strände heißen Voramar, Almadrava und Torre Sant Vicent (Seite 34)

schen und einem tropischen Wellenbad. Die Radwege in Benicàssim sind insgesamt 15 km lang, Fahrradverleih siehe Kasten „Low Budget".

STRÄNDE

An der Küstenstraße Santa Maria del Mar beginnen die schönsten ★ Strände von Benicàssim, die durch künstliche Molen unterteilt sind: die *Platja Voramar,* die *Platja Almadrava* und die *Platja Torre Sant Vicent.* Die Strände sind breit und feinsandig, parallel verlaufen herrliche Promenaden. Südwärts schließen sich noch die kleinere *Platja Els Terrers* und die lange *Platja Heliópolis* an, doch gerät hier leider die unansehnliche Skyline des Handelshafens von Castelló de la Plana ins Blickfeld. Die Devise lautet deshalb: Halten Sie sich möglichst weit davon fern!

AM ABEND

Beliebte Kneipentreffpunkte für die Abendstunden gibt es längs der zentralen Straßen, der Avenida Castelló (z.B. *Blau, Nr. 54*) und der Avenida Santo Tomás (z.B. *Irlandés, Nr. 16*), außerdem hinter der Platja Torre Sant Vicent.

AUSKUNFT

C/. Santo Tomás 74 | Tel. 964 300102 | Fax 964300139 | www.benicassim.org

ZIELE IN DER UMGEBUNG

CASTELLÓ DE LA PLANA/ CASTELLÓN DE LA PLANA [117 E4]

Mitte des 13. Jhs. entschloss man sich, die Stadt von den nahe gelegenen Berghängen in die Küstenebene La Plana zu verlegen. An dieses geschichtsträchtige Ereignis erinnern alljährlich gegen Ende Februar/Anfang März die farbenprächtigen *Fiestas de la Magdalena,* die mit Umzügen, Feuerwerk und Stierkämpfen einhergehen. Historische Bausubstanz in der Provinzhauptstadt (150000 Ew.) 12 km südlich von Be-

In Castellós Hafen El Grao landen Fischer ihren Fang an

nicàssim ist allerdings Mangelware. Zwar gibt es den aus dem 17. Jh. datierenden Glockenturm der *Concatedral de Santa María,* doch interessanter sind die nahen *Markthallen* mit ihren Fisch-, Käse- und Wurstabteilungen.

Zu Castelló de la Plana gehören die wenige Kilometer östlich des Zentrums gelegenen Hafenanlagen *El Grao*. Aus den weniger erbaulichen Ansichten sticht einzig das *Planetarium (Passeig Marítim 1 | Di–So wechselnde Zugangszeiten)* hervor. Außerdem starten ab dem Hafen Ausflüge zu den Columbretes-Inseln.

Auskunft: *Touristenbüro | Pl. Maria Agustina 5 | Tel. 964 35 86 88 | Fax 964 35 86 89 | www.castelloncostaazahar.com*

DESERT DE LES PALMES/ DESIERTO DE LAS PALMAS ★ [117 E3]

Naturschutzgebiet, das bis auf 729 m ansteigt und dessen Name sich als „Palmenwüste" übersetzen lässt. Wüste bezeichnet hier im übertragenen Sinn die Einsamkeit, in die sich Karmelitermönche vor Jahrhunderten zurückzogen. Ihr heutiges Kloster datiert aus dem 18. Jh. und liegt an einer schönen Bergstrecke, die ab Benicàssim ausgeschildert ist. Sobald man die Bahn- und Autobahnstrecken hinter sich gelassen hat, geht es auf der Landstraße CV-147 kurvig aufwärts in das ländlich geprägte Gebirge. Zu den Pflanzenbeständen zählen Kiefern, Erdbeerbäume und verschiedene Hartkräuter. Zwischendurch bieten sich lohnende Fernblicke aufs Meer und hinüber nach Benicàssim, immer wieder gibt es kleine Panoramaparkplätze. Sonntags nach dem 12-Uhr-Mittagsgottesdienst öffnen die Mönche ihr kleines *Museum* mit sakraler Kunst. Insider Tipp Ebenfalls interessant ist die schöne Wanderung zum Felsenkastell *Montornés (Startpunkt direkt an der Straße).*

ILLES COLUMBRETES/ ISLAS COLUMBRETES [0]

Vulkanisch entstandener Archipel rund 30 Seemeilen östlich der Küste. Die schroffe Inselwelt steht unter Naturschutz und wird – je nach Wetter und Jahreszeit – im Rahmen von Tauchexkursionen und Bootsausflügen angesteuert. Der frequentierteste Ausgangspunkt dafür ist der Hafen von Castelló de la Plana, u. a. mit *Golodrina Clavel (Muelle de Costa | Tel. 964 48 08 65).*

ORPESA DE MAR/ OROPESA DE MAR [117 E3]

Das 10 km nordöstlich gelegene Städtchen (8000 Ew.) ist dreigeteilt: in Altstadt, Küstenort und Feriensiedlung Marina d'Or. In der Altstadt sind die frei zugänglichen Kastellreste *(tgl. 9–19 Uhr)* und das *Museo del Hierro* mit schmiedeeisernen Kunstobjekten *(C/. Ramón y Cajal/ Sorolla | Mo–Fr 10–14 Uhr)* erwähnenswert. Schönster Sandstrand ist die muschelförmig geschwungene *Platja de la Concha,* dort in recht guter Lage das Hotel *Marina (17 Zi. | Paseo Marítimo La Concha 12 | Tel./ Fax 964 31 00 99 | www.hotelmarina.com.es | €€);* das Restaurant des Hotels bietet sich auch für Nicht-Gäste zur Einkehr an. Während es südlich der Platja de la Concha zum Sporthafen geht, führt der Weg in

Gegenrichtung über den Leuchtturmvorsprung zu den Stränden *Morro de Gos* und *Les Amplàries* und zum Küstengiganten *Marina d'Or* mit all seinen Bausünden. Nicht gerade unbescheiden nennt sich ▶▶ *Marina d'Or* *(www.marinador.com)* die „größte Freizeit- und Ferienstadt in Europa". Das mag schamlos übertrieben sein, doch an Lichterglanz, Kitsch und Halligalli mangelt es nicht. Hier findet man Hotel- und Wellnessanlagen, Apartmentkomplexe, einen Kinderpark, Restaurants, Bars und Diskos. Die Gärten sind in Neo-Modernisme-Stil gehalten, dahinter ebnen hölzerne Stege den Weg an den Sandstrand.

Auskunft: *Touristenbüro | Pl. París | Tel. 964312320 | Fax 964312491 | www.oropesadelmar.es*

VILAFAMÉS ★ **[117 E3]**

Dieses ca. 25 Straßenkilometer nordwestlich von Benicàssim gelegene Örtchen (1500 Ew.) zählt zu den schönsten im Hinterland der Costa del Azahar. Vilafamés legt sich über mehrere Hangstufen und steigt auf dem höchsten Punkt zu den frei zugänglichen Kastellruinen an; von dort eröffnet sich ein schöner Rundblick. Am besten, Sie lassen Ihr Fahrzeug im Unterdorf stehen oder spätestens auf dem Freiplatz vor der Renaissancekirche Assumpció. Zu den typischen Ortsansichten gehören schmale Gassen, Bruchsteinbauten und Pflanzengehänge neben den Häusern. Zentrales Quartier bietet das einfache *Hotel El Rullo (8 Zi. | C/. La Fuente 2 | Tel. 964329384 | www.elrullo.com | €)*. Dem Hotel ist ein Insider Tipp rustikales, einfaches Restaurant angeschlossen, in dem zwei Menüs zur Wahl stehen *(tgl. | €–€€)*. Unter selber Leitung liegt zwei Häuser weiter das Restaurant *El Antic Portal (tgl. | €)*. *www.vilafames.com*

PEÑÍSCOLA

[117 F2] Diese Ansicht ist unverwechselbar an der gesamten Mittelmeerküste: Hoch über Hafen und Stränden schiebt sich die wehrhafte Altstadthalbinsel von Peñíscola (5000 Ew.) tief ins Meer hinein. Kalkweiße Häuserkuben staffeln sich bis zum obersten Plateau des Felsbuckels auf, den die mittelalterliche Festung krönt. Außerhalb des historischen Kerns breitet sich das Städtchen mit Neubauzonen aus. Künstliche Sandaufschüttungen haben den Nordstrand bis zum Nachbarort Benicarló verlängert, palmenflankierte Promenaden laden zum ausgiebigen Flanieren ein. Freundliche Ansichten bietet auch die kleine Teichlandschaft im Zentrum der geschäftigen Neustadt: mit Enten, Eukalyptus und Kinderspielgerät. Im Sommer verbringen spanische Familien in Peñíscola gerne ihre schönsten Wochen des Jahres.

SEHENSWERTES

ALTSTADT ★

Peñíscola rühmt sich, die schönste Altstadt an der Costa del Azahar zu besitzen; das im 16. Jh. angelegte Mauerwerk legt sich um den Bergvorsprung. Vom Hafen her werden Besucher vom *Portal de Sant Pere* geschluckt, einem Stadttor, hinter dem sich die C/. Atarazanas aufwärtszieht. An dieser Straße liegt das Blasloch, aus dem es bei rauem Wellengang zischt und faucht und hoch hinausstäubt. Auf unförmigem Pflaster geht es durch verästelte, schmale Gässchen aufwärts. Überbordende Pflanzenpracht entblättert sich in der C/. Nou, immer wieder schweift der Fernblick über das Meer, kleine Bars und Restaurants säumen den Weg. Auf rund 65 m nehmen die Burg und der kleine Leuchtturm die höchsten Punkte ein. Von der Seite des Nordstrands her verlässt oder betritt man die Altstadt über die steile *Subida Portal Fosc*.

BURG

Die zinnenbesetzte Festung wurde 1294–1307 von den Tempelrittern erbaut, Vorläufer war eine maurische Anlage. Zu Zeiten des sogenannten „Abendländischen Schismas", der 1378–1417 andauernden Kirchenspaltung, suchte Papst Benedikt XIII. ab 1411 Zuflucht auf der Burg von Peñíscola. Im richtigen Leben hieß er Pedro de Luna, stammte aus Aragonien und erhob letztlich erfolglos Anspruch auf die Leitungsgewalt der katholischen Kirche. Nachdem er mehrere Giftanschläge überlebt hatte, starb er 1423. Im Gotteshaus der Burg wurde sein Leichnam vorübergehend beigesetzt, sein karges Steinzimmer kann besichtigt werden. Die Esplanade und die oberen Aussichtsplattformen bieten herrliche Blicke auf Strände und Berge. *Pl. de Armas | tgl. 10.30–17.30, im Sommer tgl. 9.30–21.30 Uhr*

FISCHERHAFEN

Der Fischerhafen *(puerto pesquero)* lädt zu Spaziergängen längs der Molen ein und bietet gute Aussichten auf

In Peñíscola wird die Küstenlinie von Palmen gesäumt

die Hügel im Hinterland und den mauerumzogenen Altstadtberg. Außerdem hat hier eine äußerst geschäftige Flotte ihre Heimat. Je nach Wetter und Fangerfolgen treffen die Fischer montags bis freitags gegen 15.30 bzw. 16 Uhr ein, dann beginnen die Fischversteigerungen. Besucher können das Entladen der Boote verfolgen, die nicht öffentlich zugänglichen Auktionen im lang gestreckten Gebäude der *Llotja de peix* beäugt man durch große Fensterfronten. Die *Bar Puerto Mar* eignet sich gut für eine Kaffeerast.

MUSEU DE LA MAR

Kleines Meeresmuseum in einem Altstadtgebäude, das einst als Dorfschule genutzt wurde. Infos und Schautafeln rund um Fischfang und den örtlichen Hafen. *Im Sommer tgl. 10–14 und 17–21, sonst tgl. 10–14 und 16–20 Uhr | Eintritt frei | C/. Princep s/n*

ESSEN & TRINKEN

CASA DOROTEA

Hier wird familiäres Ambiente im Altstadtviertel gepflegt, Spezialität sind die hausgemachten Paellas. Ein paar wacklige Tische und Stühle stehen draußen in der Gasse. Recht einfach, aber authentisch. *Tgl. | C/. San Vicente 12 | Tel. 964 48 08 63 |* €

EL CID

In der geschäftigsten Straße der Kernstadt; Auswahl von schwarzem Reis bis zur gemischten Fischplatte mit Kartoffeln. *Tgl. | C/. José Antonio 32 | Tel. 964 48 06 40 |* €€

HOGAR DEL PESCADOR

Ein Paradies für Fisch- und Meeresfrüchtefans. Trotz der einfachen Einrichtung fährt man anspruchsvolle und nicht gerade preiswerte Kost auf. Nahe dem Fischerhafen gelegen. *Tgl. | Llotja Vella s/n | Tel. 964 48 95 88 |* €€–€€€

EINKAUFEN

Insider Tipp

FRUTAS PIÑANA

Megashop mit erntefrischem Obst und Gemüse, die besten Preise weit und breit. Ideal für jene, die eine Kiste Orangen mit nach Hause nehmen wollen. *Av. Papa Luna 164, der Parkplatz ist jedoch nur von der Rückseite her anfahrbar*

ÜBERNACHTEN

APARTHOTEL JARDINES DEL PLAZA

Insider Tipp

Freundlich eingerichtete Apartments, sehr gut für Familien geeignet. Doppelgeschossige Aufteilung, unten eine kleine Küche. Der Strand ist über die Promenadenstraße hinweg erreichbar, der Check-in erfolgt im benachbarten Hotel *Peñíscola Plaza Suites. 130 Ap. | Av. Papa Luna 154 | Tel. 964 01 07 00 | Fax 964 01 07 07 | www.zthotels.net |* €–€€

GRAN HOTEL PEÑÍSCOLA

Unter den strandnahen Hotelblocks ist dieser der beste: vier Sterne, geräumige Zimmer. Im Unterbereich liegen Hallenbad und Spa, es gibt diverse Wellnessangebote. Zur wärmeren Jahreszeit ist auch der Außenpool in Betrieb. Gegen Aufpreis bekommt man Zimmer mit Meerblick; Autostellplatz. Preisbasis der Zimmer ist entweder Halb- oder Vollpension. *437 Zi. | Av. Papa Luna 136 | Tel. 964 46 90 00 | Fax 964 46 90 09 | www.granhotelpeniscola.com |* €€€

FREIZEIT & SPORT

Die ausgedehnte Strandpromenade Richtung Benicarló wird gern und ausgiebig von Joggern genutzt. Radler finden einen Radstreifen (in Spanien eher die große Ausnahme) vor; Fahrradverleih u.a. bei *Bicicletas Freddy (Av. Papa Luna 79 | Edificio Marina)* und *Diver-Sport (Av. Estación 17 | Tel. 964 48 20 06).* Vom Hafen stechen während der Saison regelmäßig Ausflugsboote zu knapp halbstündigen Trips um die Landzunge in See. Der bei Kindern beliebte Wasserpark *Acualandia (Av. Papa Luna | Urbanización Peñismar II)* hat meist Anfang Juni bis Ende September geöffnet.

STRÄNDE

Maßgebliches Areal ist die kilometerlange *Playa Norte* (Nordstrand), die gut ausstaffiert ist mit Strandduschen, Kinderspielgerät und Netzen für Beachvolleyball. Nahe dem Fischerhafen liegt die kleine *Playa Sur* (Südstrand), die durchaus ansehnlich, aber zum Baden nicht zu empfehlen ist.

AM ABEND

Lebhaft geht es an der Promenade am Nordstrand und im Bereich der Hauptstraße C/. José Antonio zu. Da Peñiscola einen hohen Bekanntsheitsgrad als Familienziel genießt, fehlt es an größerer Nightlife-Auswahl. Zu den Ausnahmen zählt die Disko *Fleca (Plaza Ayuntamiento s/n)*.

AUSKUNFT

Paseo Marítimo s/n | Tel. 964 480208 | Fax 964489392 | www.peniscola.org

ZIELE IN DER UMGEBUNG

ALCOSSEBRE/ALCOCEBRE [117 F3]

Weit auseinandergezogene Küstengemeinde (6000 Ew.) mit weißen Häusern, Sporthafen, freundlichen Promenadenstücken und Blicken Richtung Naturpark Serra d'Irta. Die schönsten Strände *Romana, Cargador* und *Las Fuentes* liegen ebenso

Wenn die Sonnenanbeter weg sind, wird's ruhig am Strand von Peñiscola

zentral wie das gut ausstaffierte und ganzjährig geöffnete *Gran Hotel Las Fuentes (206 Zi. | Urbanización Las Fuentes | Tel. 964 41 44 00 | Fax 964 41 25 53 | www.fantasia-hoteles.com | €€–€€€, die Zimmerpreise basieren wahlweise auf Halb- oder Vollpension)*. Etwas außerhalb befindet sich der Campingplatz *Playa Tropicana (Playa Tropicana | Tel. 964 41 24 63 | Fax 964 41 28 05 | www.playatropicana.com)*. In der Anlage kann man auch Bungalows für 2–5 sowie Apartments für 2–8 Personen mieten *(€€)*; Insider Tipp gute Angebote in der Nebensaison.

>LOW BUDGET

- In Benicàssim bietet die Stadt kostenlosen Fahrradverleih an. Die Flotte der Drahtesel steht an den Multi-Sportanlagen bereit *(Polideportivo Municipal | C/. Torre Sant Vicent | Mo–Sa 9–14 und 16–21, So 9–14 Uhr | Tel. 964302662)*. Man muss Pass oder Personalausweis bereithalten und eine Kaution in Höhe von 50 Euro hinterlegen. Maximale Ausleihe eine Woche, Mindestalter 18 Jahre. Weitere Infos über das Touristenbüro.
- Zum Nulltarif geht es in Castelló de la Plana ins Museum der Schönen Künste *(Av. Hermanos Bou 28 | Di–Sa 10–20, So 10–14 Uhr)*. Maler wie Gabriel Puig Roda (1865–1919) und Vicent Castell Domènech (1871–1934) haben volkstümliche Szenen festgehalten, außerdem gibt es Säle mit Skulpturen und historischer valencianischer Keramik sowie Exponate aus Archäologie und Volkskunde zu sehen.

Auf der Fahrt ins 25 km südwestlich gelegene *Alcossebre* kommt man an *Alcalá de Xivert* vorbei. Der Ort ist bekannt wegen seiner Kirche Sant Joan Baptista mit ihrem 68 m hohen Glockenturm.

BENICARLÓ [117 F2]

Das 5 km nördlich beginnende Nachbarstädtchen (26000 Ew.) mit seinem geschäftigen Hafen bietet sich in erster Linie als Unterkunfts- und Einkehralternative zu Peñíscola an, angeführt vom *Parador* mit einem guten Restaurant *(106 Zi. | Av. Papa Luna 5 | Tel. 964470100 | Fax 964470934 | www.parador.es | €€–€€€)*. Es gibt auch eine Jugendherberge *(Albergue Juvenil Crist del Mar | Av. de Yecla 29 | Tel. 964 470500 | Fax 964 46 02 25 | www.reaj.com | €)*. Interessant sind die Fallas im März mit ihren großen Aufbauten an mehreren Punkten in der Stadt.

NATURPARK SERRA D'IRTA ★ [117 F2–3]

Südlich von Peñíscola wirft sich der Höhenzug der Serra d'Irta, auch Sierra de Hirta geschrieben, bis zu 573 m hoch auf. Der Naturpark ist von Wanderwegen durchsetzt *(siehe Tour 1 unter „Ausflüge & Touren")*, die Touristeninfo hält im Regelfall einen Übersichtsplan bereit. Klippen, Kiefern und strauchüberzogene Hänge wechseln sich mit abgeschiedenen Stränden ab. Die kleinen Strände *Russo* und *Pebret* sind ab Peñíscola über ein breites Holpersträßchen erreichbar, das – abgesehen von einem kurzen Teerstück – nur für robuste Fahrzeuge geeignet ist. Die Alternative ist eine ausgedehnte Wanderung. Auf einem Zwischenvorsprung passiert man einen mittelalterlichen *maurischen Wehrturm* – hier haben Sie einen Traumblicke aufs Meer! Wer seinem Fahrzeug hohe Belastungen zumuten will, kann ab Russo und Pebret die ruppige Küstenstraße nach Alcossebre nehmen – doch sei eindringlich vor tiefen Furchen, Staub und Schotter gewarnt! Hoch im Gebirge liegen Burgreste und die einstige Einsiedelei *Sant Antoni*.

Auf dem neuesten Stand: Fangflotte im Fischereihafen von Benicarló

TORRENOSTRA [117 E3]

Strand- und Feriendorf (500 Ew.), ca. 35 km südwestlich von Peñíscola und zum landeinwärts gelegenen Hauptort Torreblanca gehörig. Vorteilhaft für Autofahrer sind die breiten Parkplatzareale nahe dem ansehnlichen Hauptstrand. Während der Saison haben Campingfans mit dem Campingplatz *Mon Rossí (Tel. 964 42 50 96 | Fax 964 42 11 47)* und dem *Camping Torrenostra (Tel./Fax 964 42 50 37)* gleich zwei Areale zur Auswahl. Südlich von Torrenostra schließt sich der *Parc Natural Prat de Cabanes-Torreblanca* an, ein kleines Naturschutzgebiet in der Küstenebene, das sich im Wesentlichen aus Marschlandschaften und Sümpfen zusammensetzt.

VINARÒS/VINAROZ [117 F2]

Der geschäftige Fischerhafen und der donnerstagvormittags nahe der Promenade stattfindende Allerleimarkt *(mercadillo semanal)* rechtfertigen einen Abstecher in dieses 12 km nördlich gelegene Küstenstädtchen (25 000 Ew.). Der ansehnlichste Strand heißt *Fortí,* gute Reis- und Fischgerichte tischt die zentral gelegene *Casa Machaco (Mo geschl. | Paseo Colón 25 | Tel. 964 45 00 19 | €–€€)* auf.

> MEERESHAUCH UND LEBENSLUST

Stimmung allerorten, Strände und Parks, Museen und moderne Architektur – València lässt keine Wünsche offen

KARTE IN DER HINTEREN UMSCHLAGKLAPPE

> [119 D1] València – wie das schon klingt! Da steckt Stimmung drin, ein Hauch von Exotik. Schon Römer und Mauren fühlten sich magnetisch angezogen und drückten der Mittelmeermetropole (800 000 Ew.) ihren Stempel auf.

1094 rückte der spanische Nationalheld El Cid an und entriss den Muselmanen erstmals die Stadt, doch erst König Jaume I. schloss 1238 die christliche Rückeroberung ab. Landwirtschaft und Handel haben den *valencianos* seit ehedem zu Wohlstand verholfen, heute lässt vor allem der Tourismus die Kassen klingeln. Dank eines dynamischen Faceliftings hat sich València in den letzten Jahren zu einem der gefragtesten City-Besuchsziele in Spanien entwickelt und mit der futuristischen „Stadt der Künste und der Wissenschaften“ einen Meilenstein in der internationa-

Bild: Stadt der Künste und der Wissenschaften in València

VALÈNCIA

len Architekturszene gesetzt. Die prachtvolle Altstadt und viele Promenaden wurden auf Hochglanz poliert, die Ausrichtung der „Segler-WM" America's Cup 2007 hat das Gesicht der Hafen- und Meeresfront einschneidend verändert. Die im August 2008 gestarteten Formel-1-Rennen haben die charmante und lebenslustige Mittelmeermetropole zusätzlich in den weltweiten Blickpunkt gerückt.

SEHENSWERTES

CATEDRAL ★

In der Kathedrale wirbeln Jahrhunderte und Stile von Gotik bis Neoklassizismus durcheinander. Besonders interessant: der besteigbare Glockenturm *Miguelete (tgl. 10 bis 13 und 16.30–19 Uhr),* die Borgia-Kapelle mit dem Gemälde „San Francisco y el Moribundo Impenitente" von Meister Goya, der Hochaltar, die Armreliquie des hl. Märtyrers Vinzenz in der Capilla de la Resurrección und der Museumsbereich mit Zeugnissen sakraler Kunst. *Mo bis Sa 10–17.30 (im Sommer bis 18.30), So 14–17.30 Uhr | Pl. de la Reina*

Imax-Kino), das *Umbracle* (die von Grün durchsetzte „Vorhalle" des gesamten Komplexes), das *Museu de les Ciències Príncipe Felipe* (Wissenschaftsmuseum, *tgl. 10–19, im Sommer 10–21 Uhr*) und das *Oceanogràfic* (Aquarium, *So–Fr 10–18, Sa 10–20, im Früh- und Spätsommer tgl. 10–20, Mitte Juli–Ende Aug. tgl. 10–24 Uhr*).

Großzügige Ausstellungsräume bietet das Institut für Moderne Kunst IVAM

CIUTAT DE LES ARTS I LES CIÈNCIES ★
Gleißendes Weiß, geschwungene Formen, Einlegearbeiten aus Kachelbruch, Gebäude wie monumentale Skulpturen – die moderne „Stadt der Künste und der Wissenschaften" bündelt den großen architektonischen Wurf von Santiago Calatrava und Félix Candela. In dichter Folge reihen sich die 1998–2006 eingeweihten Gebäude auf: der *Palau des Arts Reina Sofía* (Konzert- und Opernhaus), das einem riesigen Auge gleichende *Hemisfèric* (Planetarium,

Im *Hemisfèric* stürzt Erlebniskino auf 900 m^2 Leinwand auf den Betrachter ein, im interaktiven Wissenschaftsmuseum ist Anfassen und Austesten erlaubt. Kinder sind begeistert von der Spiellandschaft *Espai dels Xiquets* und von den Brutkästen, in denen man leibhaftige Küken aus dem Ei schlüpfen sieht. Höhepunkt im vorzüglich aufbereiteten

Oceanogràfic ist der Glastunnel im Bereich der „Ozeane", wo Haie und Rochen über den Köpfen der Besucher schweben. In der „Arktis" sind Weißwale, in der „Antarktis" Pinguine und im *Delfinario* regelmäßig Delphinshows zu sehen.

Insider Tipp
Mit einem Dreier-Kombiticket für *Hemisfèric, Wissenschaftsmuseum* und *Oceanogràfic* lässt sich Geld sparen. *Autovía del Saler | www.cac.es*

INSTITUT VALENCIÀ D'ART MODERN (IVAM) ★

Im modernen Hauptbau werden wechselnde Ausstellungen zeitgenössischer Künstler gezeigt. Das IVAM schöpft aus einem riesigen Fundus und betreibt regen Austausch mit aller Welt. Eine ständige Sammlung rückt das Werk des Bildhauers Julio González (1876–1942) ins Blickfeld. Ein separater Eingang führt in den kuriosen „Mauersaal", *Sala de la Muralla,* wo ein Stück der mittelalterlichen Stadtmauer zwischen modernen Säulen hindurchläuft – ein besonders interessanter Rahmen für Ausstellungen. Für eine Rast bietet sich die Cafeteria des Museums an. *Di–So 10–20 (im Sommer bis 22) Uhr | Guillem de Castro 118 | www.ivam.es*

Insider Tipp

JARDINES DEL TURIA ★

Nach der Flutkatastrophe von 1957 wurde der Fluss Turia weitläufig in den Süden umgeleitet, das trockengelegte Flussbett gab den Weg frei für die Anlage von Gärten und Parks. Heute gibt es Unmengen von Palmen und Orangenbäumen, außerdem Wasserspiele und sogar Fußballfelder. Die Einheimischen haben diesen Grünstreifen, der sich über eine Länge von 7,5 km durch die Stadt und bis hin zur *Ciutat de les Arts i les Ciències* zieht, längst in ihr Herz ge-

MARCO POLO HIGHLIGHTS

★ Jardines del Turia
Die grüne Lunge der Stadt, erwachsen aus dem trockengelegten Bett des Riu Turia (Seite 45)

★ Ciutat de les Arts i les Ciències
Moderne Architektur, die Maßstäbe setzt (Seite 44)

★ Catedral
Mächtiger Baukörper voller Kunst und Tradition (Seite 43)

★ Institut Valencià d'Art Modern (IVAM)
Erste Adresse für zeitgenössische Kunst (Seite 45)

★ Museu de Belles Arts
Schatztruhe öffne dich – Werke von Velázquez, El Greco, Goya, Sorolla (Seite 46)

★ Lonja de la Seda
Das prächtige gotische Zivilgebäude der Seidenbörse kündet vom Wohlstand vergangener Zeiten (Seite 46)

★ Mercat Central/Mercado Central
Einer der schönsten Märkte ganz Spaniens (Seite 48)

★ L'Albufera
Pure Natur im Süden der Stadt (Seite 50)

schlossen. Auf Höhe der Altstadt laufen die Jardines del Turia nahe an den *Torres de Serranos* vorbei, wuchtige Reste der mittelalterlichen Stadtmauer.

LONJA DE LA SEDA ★

In der zum Unesco-Weltkulturerbe ernannten Seidenbörse tätigten ab dem späten 15. Jh. die Händler ihre Geschäfte. Der hoch aufragende Bau mit seinen gewundenen Säulen vereint späte Gotik mit Elementen früher Renaissance. Das daneben liegende „Meereskonsulat" wachte vormals über den Seeverkehr. Im Winter wird die Seidenbörse gelegentlich für Konzerte genutzt. *Di–Sa 10–14 und 16.30–20.30, So 10–15 Uhr | Eintritt frei | Pl. del Mercat*

Insider Tipp

MUSEU DE BELLES ARTS ★

Im Museum der Schönen Künste spannt sich der Bogen von römischen Exponaten über prächtige Altargemälde bis hin ins 20. Jh. Hier ist alles vertreten, was in der spanischen Malerei Rang und Namen hat: Diego de Velázquez, Alonso Cano, Juan Ribalta, Francisco de Goya, Joaquín Sorolla. Auch Wechselausstellungen. *Di–So 10–20 Uhr | Eintritt frei | C/. San Pio V 9*

Insider Tipp

MUSEU NACIONAL DE CERÀMICA

Das markgräfliche Palais *Dos Aguas* bildet den imposanten Rahmen für dieses Museum, das viel mehr bietet als nur Keramik aus verschiedenen Jahrhunderten. Hier sehen Sie Säle mit kostbarem Mobiliar und Porzellan sowie eine nachgebildete valencianische Küche aus dem 18. Jh. Verschwenderisch ist der einstige Musik- und Festsalon ausgestaltet. *Di bis Sa 10–14 und 16–20, So 10 bis 14 Uhr | Sa-Nachmittag und So Eintritt frei | Rinconada García Sánchez s/n | http://mnceramica.mcu.es*

EL PATRIARCA

Valèncias schönste Renaissancekirche ist überbordend ausgemalt. Ein besonderes Erlebnis sind die gregorianischen Gesänge donnerstagabends um 18.30 Uhr; die Gesangstradition reicht ins Jahr 1604 zurück. *C/. Nave*

Insider Tipp

> WER'S GLAUBT …

Die Kathedrale und ihre Kuriosa

Gläubige zieht es in Valèncias Kathedrale in die *Kapelle Santo Cáliz* – hinter Glas gesichert sieht man dort (so man dran glaubt) den legendären Kelch des Letzten Abendmahls. Frauen im letzten Schwangerschaftsmonat zieht es zur *Virgen del Coro,* einem gotischen Marienbildnis im Altarumlauf. Die Tradition besagt, dass sie von hier aus neun Runden durch das Kathedralinnere drehen müssen – auf dass die Geburt gut gelingen und das Kind gesund zur Welt kommen möge. Draußen vor dem *Apostel-Portal* tagt seit dem Mittelalter jeden Donnerstag um 12 Uhr das sogenannte Wassergericht *(Tribunal de las Aguas).* Mündlich klären acht ehrenhaft gekleidete Männer Streitfragen rund um die Wasserrechte; ihre Urteile sind unanfechtbar.

PLAZA SANTA CATALINA

Belebter Innenstadtplatz mit dem barocken Glockenturm der Kirche *Santa Catalina*. In der Insider Tipp *Horchatería El Siglo* wird die herrlich kühle Erdmandelmilch *horchata* täglich frisch angerührt. An dem benachbarten Platz Lope de Vega ist die gotische Kirche *Santa Catalina* zu besichtigen, an den Galerieständen des „Rundplatzes" *Plaza Redonda* sind Stickereien und Spitzenklöppelarbeiten erhältlich.

PLAZA DE LA VIRGEN

Terrassencafés und Orangenbäume geben diesem Platz an der Rückfront der Kathedrale seine besondere Stimmung. Zu römischen Zeiten befand sich hier das Forum. Wichtigstes Bauwerk ist die *Basílica Virgen de los Desamparados,* in der das Bildnis der „heiligen Jungfrau der Schutzlosen" verehrt wird; großer Marienfesttag ist der 2. Sonntag im Mai.

ESSEN & TRINKEN

Typische Tapaskneipen in der Altstadt sind u. a. *El Molinón (C/. Bolsería 40)* und *El Pilar (C/. Moro Zeit 13)*. Eine beliebte Zone liegt auch um die Gran Vía Marqués del Turia, z. B. mit der *Bodega Pascual (C/. Conde Altea 38)* und dem *Aquarium (Gran Vía Marqués del Turia 57); alle €.*

BAMBOO DE COLÓN

Moderestaurant mit einem Schwerpunkt auf Reisgerichten, ein wenig versteckt gelegen im Unterbereich

Mit allegorischen Figuren geschmückt: Brunnen auf der Plaza de la Virgen

des Mercat Colón. Stark von *valencianos* frequentiert, moderne und gleichermaßen schlichte Dekoration, sehr bequeme Stühle. *Sa-Mittag und So geschl. | C/. Jorge Juan | Tel. 963 53 09 00* | €€

PONT DE FUSTA

Günstiges Tagesmenü, Tellergerichte, appetitlich präsentierte Tapas-Auslagen an der Bar. Sehr einfach. *So geschl. | C/. Santa Amalia 2 | Tel. 963 69 38 17* | €

Insider Tipp RIFF

Für Küchenchef Bernd Knöller gibt es nur zweierlei Essen: gutes und schlechtes. Für seine Gäste wirft sich der seit vielen Jahren in Spanien lebende Schwarzwälder mächtig ins Zeug und kreiert wahre Kunstwerke. Basierend auf der Mittelmeerküche werden Köstlichkeiten wie Goldbrassentatar mit Mandelmilchschaum und Cheddarkäse mit Safran und Pinienkernen serviert. Alle paar Wochen wechselt der Meister den Großteil der Speisekarte aus. Dazu stehen über 200 Weine zur Auswahl. *So/Mo geschl. | C/. Conde Altea 18 | Tel. 963 33 53 53* | €€€

EINKAUFEN

Da streiten sich die Experten – ist nun Barcelonas *Boquería* oder Valèncias ★ *Mercat Central (Mercado Central)* der schönste Markt im ganzen Land? In den im Jugendstil gehaltenen Markthallen bersten die Stände auf über 8000 m^2 vor Würsten, Obst, Gemüse, Fisch und Fleisch. Hier kaufen die Einheimischen mit Vorliebe selbst gerne ein, auch Käse, Gewürze, Feigenmarmelade und Tomatenkonfitüre. Egal, ob man kauft oder nicht, der Besuch ist ein Erlebnis *(Mo–Sa 7–14 Uhr | Pl. del Mercat | www.mercadocentralvalencia.es)*.

Elegante Einkaufszonen liegen rund um ein anderes historisches Marktgebäude, den *Mercat Colón/*

Sachlich-modernes Interieur: Restaurant Bamboo de Colón

Mercado Colón in der C/. Jorge Juan. Hier finden Sie exklusive Schuhgeschäfte wie *Pepe Moreno (C/. Jorge Juan 8)* und Juweliere wie *Anuk (C/. Jorge Juan 21).* Das Großkaufhaus *El Corte Inglés* ist mehrfach vertreten, z. B. in der C/. Pintor Sorolla, der Avenida de Pío XII und der C/. Colón.

ÜBERNACHTEN

ALBERGUE JUVENIL CIUTAT DE VALÈNCIA

Jugendherberge in zentraler Lage, die in einem restaurierten Gebäude aus dem 19. Jh. untergebracht ist. *12 Zi. mit insgesamt 50 Betten | C/. Balmes 17 | Tel. 963925100 | Fax 963153242 | www.alberguedevalencia.com | €*

LAS ARENAS BALNEARIO RESORT

Spitzenhaus nahe dem Sporthafen und direkt hinter dem Las-Arenas-Strand; mit Pool- und Spabereich. Historischer Vorläufer war ein Strandbad aus dem 19. Jh. Die heutige Kategorie „fünf Sterne Grand Luxe“ ist die höchste, die vergeben werden kann. Entsprechend geräumig und modern sind die Zimmer. Die Qualität des Frühstücksbüfetts ist nicht zu toppen – und die schönen Blicke Richtung Meerespromenade mit Wasserspielen und Wiesenflächen gibt's kostenlos dazu. *253 Zi. | Eugenia Viñes 22–24 | Tel. 963 120600 | Fax 963120616 | www.hotel-lasarenas.com | €€€*

sider ipp

CONSUL DEL MAR

Komfortables Vier-Sterne-Haus in der Nähe des *Palau de la Música.* Sauna, kleines Schwimmbad und Fitnessraum können ohne Aufpreis genutzt werden. *57 Zi. | Av. del Puerto 39 | Tel. 963625432 | Fax 963 621625 | www.hotelconsuldelmar.com | €€€*

Einkaufserlebnis: Mercat Central

VENECIA

Zwei-Sterne-Haus in zentraler Lage an der Plaza del Ayuntamiento, wird auch gerne von Geschäftsleuten während der Messen genutzt. Deutlich günstigere Preise in der Nebensaison. *54 Zi. | En Llop 5 | Tel. 963 52 42 67 | Fax 963 52 44 21 | www.hotelvenecia.com | €€*

FREIZEIT & SPORT

Jogger, Radfahrer und Spaziergänger finden sowohl in den Jardines del Turia als auch an den Strandpromenaden ihre Erfüllung. Nach Reservierung veranstaltet *Valencia Bikes (Paseo de la Pechina 32 | Tel. 963 851740 | info@valenciabikes.com)* geführte Radtouren sowohl für Grup-

Insider Tipp

pen als auch für Einzelpersonen; die Räder werden gestellt. All jene, die unabhängig bleiben wollen, können hier auch Fahrräder für eigene Touren leihen (außer So). In València gibt es insgesamt 70 km Radwege, für Spanien eine echte Besonderheit.

STRÄNDE

València verfügt über 7 km Strände. Der beste Bereich beginnt nördlich des Hafens mit den ineinander übergehenden Sandstränden *Las Arenas* und *Malvarrosa,* die ihrerseits von schönen Promenaden flankiert werden.

AM ABEND

Das valencianische Nachtleben geht im Altstadtviertel ▸▸ *Barri del Carmen* und hinter den Strandpromenaden ab, dort u.a. in der *Discoteca Luna Rossa (Eugenia Viñes 152)* und in der *Discoteca Gandhara (Eugenia Viñes 225).* Rock made in Spain gibt es im *Murrayfield (C/. Bolsería 19),* Jazz im Jazzcafé *La Linterna (La Linterna 11),* immer wieder neue Events und DJs im *Pachá (San Vicente 305).* Ein umfangreiches Konzertprogramm von Klassik über Jazz bis Pop bietet der ▸▸ *Palau de la Música (Paseo de la Alameda 30 | Tel. 963 37 50 20 | www.palauvalencia.com).* Insider Tipp

AUSKUNFT

Pl. de la Reina 19 | Tel. 963 15 39 31 | Fax 963 15 39 20 | www.turisvalencia.es; weitere Büros u.a. am Flughafen und am Renfe-Bahnhof

ZIELE IN DER UMGEBUNG

L'ALBUFERA ★ **[119 D1–2]**

Südlich der Stadtgrenze beginnender Naturpark mit Sümpfen und Reisfeldern. Im Mittelpunkt steht der weitläufige Albufera-See. Die vielgestaltige Vogelwelt lässt sich bei Bootstouren *(paseos en barca)* beobachten, die an der Ostseite auf dem Weg nach El Palmar abgehen. Bootstrip und Buszubringer sind bei den Exkursionen von *Albufera Bus Turístic* enthalten *(Startpunkt an der Plaza de la Reina, aktuelle Fahrzeiten bei der*

> LOW BUDGET

- Hilfreich für Entdeckungstouren in València ist die *València Tourist Card (www.valenciacard.es),* die in zahlreichen Hotels und in den Touristeninformationen (u.a. am Flughafen und der Pl. de la Reina) erhältlich ist. Mit der Karte bekommen Sie Ermäßigungen in ausgewählten Museen und Geschäften und können die öffentlichen Verkehrsmittel der Tarifzone A/B kostenlos nutzen; die Karte kostet 8 Euro für 1 Tag, 14 Euro für 2 und 18 Euro für 3 Tage.
- Statt mit einem teuren Taxi (ca. 20 Euro) können Sie vom 8 km außerhalb gelegenen Flughafen ebensogut mit der Metro *(www.metrovalencia.com)* in die Stadt fahren; die Linien 3 und 5 schaffen Anschluss ans Zentrum, die Einzelfahrt kostet 1,80 Euro.
- Knapp 20 km nordöstlich von València bietet der Campingplatz *Puzol* eine günstige Übernachtungsalternative zur Großstadt. Es gibt auch Mobile Homes und Bungalows. *Mitte Dez.–Feb. geschl. | Playa de Puzol | Tel. 961421527 | www.campingpuzol.com*

Touristeninformation oder unter www.valenciabusturistic.com). Ein schmaler Landgürtel, der mit Kiefern und Binnendünen besetzt ist, trennt den Albufera-See von den Mittelmeerstränden.

CULLERA **[119 D2]**

Schönes Strandziel (22000 Ew.) für erholungsbedürftige Städter, knapp 40 km südlich von València; im Sommer mit Aquapark *Aquopolis (siehe „Mit Kindern reisen").* Überragt wird die Altstadt von der malerischen *Burg* auf dem Monte de las Zorras. Drei-Sterne-Quartier im Hotel *Sicania (116 Zi. | Ctra. del Faro s/n | Playa del Racó | Tel. 961 720143 | Fax 961730392 | www.hotelsicania. com | €€).*

SAGUNT/SAGUNTO **[117 D5]**

25 km nördlich gelegenes Städtchen (5000 Ew.) mit einer über 2000-jährigen Vergangenheit, die sich im *Teatre Romà (Di–Sa 10–18, im Sommer bis 20, So 10–14 Uhr)* widerspiegelt. Einst fanden in diesem römischen Theater 4000 Besucher Platz, die heutige Anlage ist stark restauriert; interessant sind die Gänge hinter den Tribünen. Kakteen und Kiefern säumen den Aufstieg vom Theater hinauf zum *Kastell (Di–Sa 10–18, im Sommer bis 20, So 10–14 Uhr).* Im März pflegt Sagunt seine Fallas-Traditionen, wenige Kilometer östlich liegen Hafen- und Strandzonen.

Touristenbüro: Pl. Cronista Chabret | Tel. 962655859 | www.aytosagunto.es

Auf dem Monte de las Zorras ragt malerisch die Burg von Cullera auf

> KLASSIKER UNTER DEN URLAUBSZIELEN

Sonne, Meer und herrliche Strände – und die Küste hat noch mehr zu bieten ...

> Die Costa Blanca, die „Weiße Küste", trumpft mit dem großen ABC der Feriengebiete auf: A wie Alacant, B wie Benidorm, C wie Calp. Hinzu kommt eine ganze Reihe weiterer Orte mit makellosen Stränden, die ihrer Sauberkeit wegen ein ums andere Mal mit der begehrten Blauen Flagge ausgezeichnet werden.

Kontrastreich wie die Landschaften mit ihren sandigen Weiten, Felsenküsten, Buchten und Hinterlandbergen sind auch die saisonalen Unterschiede. Das brodelnde Sommerleben bringt Highlife bis zum Abwinken und mitunter Kämpfe um den Handtuchplatz an Pool und Strand mit sich. Monate später hat man Strände und Promenaden für sich, so manches Restaurant und Hotel schließt im Winter die Pforten. Andere Hotels locken gerade zwischen Herbst und Frühjahr mit reizvollen Angeboten für alle, die der ungemütlichen Kälte in Mitteleuropa entflie-

Bild: Strand bei Guardamar del Segura

COSTA BLANCA

hen wollen. Manche, die einst als Besucher aus dem Ausland kamen, haben die Küste ganz zu ihrer Wahlheimat erkoren.

ALACANT/ ALICANTE

[119 D6] **Zu Wasser, zu Lande und aus der Luft – Alacant ist Knotenpunkt für Flug- und Fahrzeugverkehr, für Kreuzfahrtschiffe und Yachten. Allerdings steckt hinter der weit ausgeuferten Küstenmetropole (320 000 Ew.) viel mehr als nur eine Durchgangsstation.** Rund um Sporthafen und Explanada d'Espanya wird der lebendige Charakter einer typischen Mittelmeerstadt spürbar, die Strandgegend Sant Joan ist als Ferienziel attraktiv. Bereits die Römer schwärmten von dem besonderen Licht, das sich heute sowohl über gesichtslose Hochhauskulissen als auch über angenehme Promenaden und Parks legt. Glanzstück des monumentalen historischen Erbes ist die Bergburg *Santa Bárbara*.

SEHENSWERTES

ALTSTADT

Überschaubarer Bereich nördlich der Explanada de España und östlich der

Einst von Mauren angelegt: das Castillo de Santa Bárbara auf dem Monte Benacantil

geschäftigen Rambla de Méndez Núñez mit der kleinen Fußgängerzone C/. Mayor (Bars, Restaurants), dem barocken *Rathaus* und der *Kathedrale San Nicolás* aus dem 17. Jh. mit ihrer 45 m hohen, blauen Kuppel im Schiff. In der letzten Juni- oder ersten Juliwoche ist der Bereich hinter dem Rathaus Schauplatz eines mittelalterlichen Marktes, des *Mercado Medieval*.

CASTILLO DE SANTA BÁRBARA ★

Burganlage, die alles beherrschend auf dem schroffen Monte Benacantil 166 m hoch über der Stadt thront. Die Ursprünge des Kastells reichen ins frühe Mittelalter zurück; am Sankt-Barbara-Tag 1248 wurde sie den Mauren von den spanischen Truppen entrissen. Hinter der Playa del Postiguet startet ein Aufzug (*ascensor*, bei Redaktionsschluss in Reparatur) zum Kastell *(im Sommer tgl. 10–20, sonst 9–19 Uhr)*. Der Ausblick ist grandios.

EXPLANADA DE ESPANYA ▶▶

Irgendjemand hat sie einmal gezählt: 6,6 Mio. Marmorstückchen sind es, die den Boden auf Alacants Vorzeigepromenade in Weiß und Schwarz und in rötlichen Tönen bedecken. Hier trifft sich Gott und die Welt, hier lässt sich mit Hingabe im Schatten von Palmen flanieren. Über die Küstenstraße hinweg schließt sich der Yachthafen an.

MUSEO ARQUEOLÓGICO PROVINCIAL

Spaziergänge durch die Vergangenheit mit Schwerpunkten von Prähistorie bis Mittelalter. *Di–Sa 10–19, So 10–14 Uhr (in den Sommermonaten meist verlängerte Abend-Öffnungszeiten) | Pl. del Doctor Gómez Ulla | www.marqalicante.com*

MUSEO DE BELLAS ARTES GRAVINA

Museum der Schönen Künste, untergebracht im Barockpalais *Gravina*. Die regional bedeutsame Kollektion umfasst Gemälde und Bildhauerei aus dem 16. bis ins frühe 20. Jh. Auch Wechselausstellungen. *Mai bis Sept. Di–Sa 10–14 und 17–21, sonst Di–Sa 10–14 und 16–20 Uhr, So immer nur vormittags | Eintritt frei | C/. Gravina 13–15 | www.mubag.com*

ider
pp

ESSEN & TRINKEN

LA CASONA ALICANTINA

In der Fußgängerzone gelegen, Speisetradition seit 1965. Salate, Gemüse, Fleischgerichte, Tagesmenü. In derselben Straße wird man auch in anderen Restaurants zu ähnlichen Preisen fündig. *Tgl. | C/. Mayor 14 | Tel. 965 21 24 82 |* €–€€

NOU MANOLÍN

Eine der ersten Adressen für Feinschmecker; hier wird Mittelmeerküche mit traditionellen Zutaten und dem gewissen Etwas serviert. Reservierung empfohlen, Lage im Zentrum. *Tgl. | C/. Villegas 3 | Tel. 965 20 03 68 |* €€€

EINKAUFEN

Ihren Reiz für Kauf- und Schaulustige haben vor allem die Montag bis Samstag immer vormittags geöffneten gut bestückten Märkte, darunter der *Mercado Central (Av. Alfonso X el Sabio)* und der *Mercado Teulada (C/. Teulada)*.

MARCO POLO HIGHLIGHTS

★ Guadalest
Traumhafte Aussichten über Berg und Tal, Museen mit kuriosen Mikrominiaturen (Seite 62)

★ Fonts de l'Algar/ Fuentes del Algar
Kaskaden in Klein- und Großformat, ein berauschendes Erlebnis (Seite 61)

★ Strände von Benidorm
Makellose Sandbänder, schroffe kleine Buchten und davor das Mittelmeer (Seite 60)

★ Penyal d'Ifac/Peñón de Ifach
Schroff wirft sich Calpes Hausberg hoch auf und lockt Naturliebhaber an (Seite 64)

★ Castillo de Santa Bárbara
Das Bergkastell von Alacant erinnert an die bewegte Vergangenheit und gibt schöne Blicke frei (Seite 54)

★ Palmerar/El Palmeral
Ein Bummel durch die berühmten Palmenhaine von Elx ist unvergesslich (Seite 73)

ÜBERNACHTEN

CASTILLA ALICANTE

Solides Drei-Sterne-Hotel nahe der Platja de Sant Joan, günstige Nebensaisontarife. *155 Zi. | Av. Países Escandinavos 7 | Tel. 965 16 20 33 | Fax 965 16 20 61 | www.hotelcastillalicante.com* | €€

GUEST HOUSE

Einfach, aber günstig: eine gute Adresse für Sparfüchse. Zimmer mit Bad. *8 Zi. | C/. Segura 20 | Tel. 650 71 83 53 | www.guesthousealicante.com* | €

MELIÁ ALICANTE

Aus mehreren Blockeinheiten bestehende Anlage zwischen der Marina und der Playa del Postiguet. Pool, Wellnesscenter. Mitunter gute Online-Angebote. *545 Zi. | Pl. Puerta del Mar 3 | Tel. 965 20 50 00 | Fax 965 14 26 33 | www.solmelia.com* | €€

FREIZEIT & SPORT

Ab dem Hafen werden Bootstouren zur *Isla de Tabarca* angeboten (u.a. von *Kontiki | Tel. 965 21 63 96*); in der Sommersaison tgl., ansonsten vornehmlich an den Wochenenden. Um Alacant liegen mehrere Golfplätze: *Alicante Golf (Av. Locutor Vicente Hipólito 37 | Playa de San Juan | Tel. 965 15 20 43 | Fax 965 16 37 07 | clubgolf@alicantegolf.com), El Plantío Club de Golf (Ctra. Alacant–Elx, km 3, Partida Bacarot | Tel. 965 18 91 15 | Fax 965 18 91 05 | www.elplantio.com)* und *Club de Golf Alenda (Autovía Alicante–Madrid, km 15, Monforte del Cid | Tel. 965 62 05 21 | Fax 965 62 17 96 | www.alendagolf.com).*

STRÄNDE

Die maßgeblichen Strände sind sandig und liegen nordöstlich, im Stadtgebiet beginnend mit der 900 m langen *Playa del Postiguet* und die etwas kleineren *Playa de la Albufereta.* Die *Playa de la Almadrava* ist unter FKK-Freunden beliebt. Der mit Abstand bekannteste und längste Strand ist die *Playa de San Juan (Platja de Sant Joan),* ein sandiger Traum von 3 km.

AM ABEND

Die beiden Hauptausgehzonen sind die Altstadt und der Bereich ▶▶ *El Golf* in Playa de San Juan. Durch den Neubau des Kasinos am Hafen hat Alacants dortige Szene an Zulauf verloren. Eine gute Adresse für Konzerte ist die Rockbar *Frontera* *(Ave. Costa Blanca 140 | Playa de San Juan | Tel. 965 16 53 35 | www.rockbarfrontera.com).* Einen guten Überblick über Konzerte und andere Events gibt das in den Touristeninformationen erhältliche Heft „Ualà – Revista de Ocio, Cultura y Tendencias“ (auf Spanisch | *www.uala.net*).

Insider Tipp

AUSKUNFT

Rambla de Méndez Núñez 23 (weitere Büros am Busbahnhof, am Renfe-Bahnhof sowie an der Explanada de Espanya 1) | Tel. 965 20 00 00 | Fax 965 20 02 43 | www.alicanteturismo.com

ZIELE IN DER UMGEBUNG

ISLA DE TABARCA [121 F2]

Kurs Richtung Süd, elf Seemeilen voraus – dort liegt die einzig bewohnte valencianische Insel (200 Ew.). Spaniens König Karl III. ließ den vormaligen Piratenstützpunkt in der zweiten Hälfte des 18. Jhs. mit Familien aus Genua neu besiedeln und befestigen. Tabarcas Mauern zählen zum regionalen Kulturerbe, die ökologisch wertvollen Gewässer sind als geschütztes Meeresreservat unter Tauchern beliebt. An Land lässt sich das knapp 2 km lange und maximal 400 m breite Eiland auf einem Fußweg erkunden. Bootsausflüge starten nicht nur ab Alacant, sondern häufiger ab dem wesentlich näher gelegenen Santa Pola.

SANTA POLA [121 F2]

Iberer und Römer fühlten sich hier schon wohl. Großer Pluspunkt für Besucher von heute sind die Sandstrandzonen dieses knapp 20 km südlich gelegenen Hafenstädtchens (22 000 Ew.). Ganzjährig gehen Bootsverbindungen zur *Isla de Tabarca* ab, im Kastell ist das *Meeresmuseum (Museu del Mar; im Sommer Di–Sa 11–13 und 18.30–21.30, So 11–13 und 16–19, sonst Di–Sa 11–13 und 16–19 und So 11–13.30 Uhr)* untergebracht. Nahe dem Hafen gibt es ein kleines Aquarium *(Acuario Municipal | Di–Sa 10–13 und 17 bis 19, So 10–13 Uhr)*. Unterkunft an der zentralen Platja de Llevant im Hotel *Pola Mar (72 Zi. | C/. Astilleros 12 | Tel. 965 41 32 00 | Fax 965 41 31 83 | www.polamar.com | €€)*, in dem die schönsten Zimmer zur Strandseite liegen; dem Hotel ist ein gepflegtes Restaurant *(Mo und So abends geschl. | €€)* angeschlossen.

Über den Fremdenverkehr hinaus sind die Salinen bedeutend, deren glitzernde Flächen und Salzberge schon aus der Ferne zu sehen sind.

Ideal für einen Sundowner: Abendstimmung über dem Hafen von Alacant

Südwestwärts führt die Fahrt auf der Nationalstraße Richtung Guardamar del Segura/Torrevieja mitten durch den Naturpark *Salinas de Santa Pola* und kilometerlang an den Becken vorbei. *Touristenbüro: Pl. Diputación | Tel. 966 69 22 76 | www.santapola.com*

BENIDORM

[119 E5] **Das „Manhattan am Mittelmeer" (65000 Ew.) steht heute als Synonym für ungezügelten Freizeit- und Ferienspaß. Wer zur Hauptsaison kommt, weiß, was er will und was er nicht will: jungfräuliche Ruhe mutmaßlich weniger, dafür Fun bis zum Abwinken.** Die Statistik weist über 1000 Kneipen, Cafeterias, Restaurants und Diskopubs aus. Außerdem geht die Bettenzahl in Hotels, Pensionen und Apartmentblocks hoch in die Zehntausende – wobei nicht jeder dort erwacht, wo er es zu Beginn einer langen, bewegten Nacht vermutet hätte …

In grauer Vorzeit rollte das Meer in Benidorm an einsamen Stränden aus. Noch Ende der 1950er-Jahre lebten hier nur 3000 Menschen, die ihren Lebensunterhalt im Wesentlichen mit Fischerei und Landwirtschaft bestritten. Kurz darauf setzte der Massentourismus ein, der Benidorm einen unverkennbaren Stempel aufgedrückt hat. Außerhalb der Saison geht es ruhiger zu.

SEHENSWERTES

ALTSTADT

Benidorms historischer Urgrund – die Siedlung stammt aus dem 14. Jh. – beschränkt sich auf einen relativ kleinen Bereich zwischen dem Hafen und der Playa de Levante. An das spätmittelalterliche Kastell, von dem aus sich die Einheimischen einst gegen Piraten aus Nordafrika zur Wehr setzten, erinnert der Name eines Platzes: *Plaza del Castell.* Interessant sind die Promenaden und Plateaus mit Aussicht über die beiden Hauptstrände. Das wichtigste Bauwerk ist die an der Plaza Sant Jaume gelegene, im 18. Jh. erbaute Kirche *Sant Jaume,* wo die Skulptur der Schutzpatronin Virgen del Sufragio verehrt wird; den Überlieferungen zufolge befand sich das wundersame Marienbildnis an Bord eines führerlosen Schiffes, das 1740 vor der Küste umhertrieb, und überstand sogar einen Brand.

ESSEN & TRINKEN

In der Fußgängerzone gibt es viele Tapasbars, u.a. in und um die C/. de Santo Domingo.

CLUB NÁUTICO

Angenehmes Tafeln im Sporthafenbereich, durch die großen Scheiben hat man Teile der Skyline im Blick. Fangfrische Meeresfrüchte werden nach Gewicht berechnet (auf der Karte steht der Orientierungspreis pro 100 g). *Tgl. | Paseo Colón, Puerto | Tel. 965855425* | €€–€€€

ULÍA

Gepflegte Tafel an der Strandpromenade hinter der Playa de Poniente. Tintenfisch, Reis mit Hummer, Paella mit Meeresfrüchten, Paella mit Kaninchen. *So abends und Mo geschl. | Av. Vicente Llorca Alós (nahe Ecke C/. Vigo) | Tel. 965856828* | €€

EINKAUFEN

Das bunte, geschäftige Treiben beginnt hinter der Playa de Levante in der *Avenida Martínez Alejos,* von wo aus sich der Streifzug zur *Plaça de la Creu* hin fortsetzen lässt. Diese Shoppingzonen sind wegen ihres prallen Lebens interessant. Wer bei Angeboten wie „Alles für drei Euro" zugreift, bekommt natürlich auch die dem Preis entsprechende Qualität. Richtung Playa de Poniente läuft die Fußgängerzone nahe dem palmendurchsetzten Parque de Elche aus.

ÜBERNACHTEN

GRAN HOTEL BALI

Doppelgigant, der in der Skyline von Benidorm neue architektonische Maßstäbe gesetzt hat. Das höhere Gebäude reckt sich 186 m gen Himmel. Für den 30.–41. Stock werden Preisaufschläge verlangt. Pools, Restaurants, Fitnesscenter. Das Preissystem basiert auf Halbpension. *776 Zi. | C/. Luis Prendes s/n | Tel. 902 141514 und 966815200 | Fax 966 81 52 08 | www.granhotelbali.com |* €€–€€€

Manhattan an der Costa Blanca – die Hotelzeile von Benidorm

LA CALA

Recht freundliches Hotel, das allerdings von Dezember bis Anfang März geschlossen hat. Solide Qualität, ordentliche Zimmer mit Bad und TV; auf der Homepage gibt es gelegentlich attraktive Sonderofferten. *40 Zi. | Av. Marina Baixa 10 | Cala de Finestrat | Tel. 965 85 46 62 | Fax 965 864453 | www.hotel-lacala.com* | €€

Insider Tipp **EL PALMERAL**
Angenehmes Haus in der zweiten Strandlinie hinter der Playa de Poniente. Manche Zimmer bieten den Blick aufs Meer, es gibt ein winziges Außenschwimmbad. Guter Service und gutes Essen. Attraktive Preise in der Nebensaison. *60 Zi. | C/. Altea 2 | Playa de Poniente | Tel. 965 85 01 76 | Fax 965 85 97 77 | www.hotelpalmeral.com | €€*

FREIZEIT & SPORT

Im Hafen von Benidorm stechen regelmäßig Ausflugsboote in See, z. T. mit Glasböden zur Beobachtung der Unterwasserwelt. Zu den Zielen zählen die *Isla de Benidorm, Altea* und *Calp*. Es gibt auch Angel- und Nachtausfahrten. Wanderwege führen durch die angrenzende *Sierra Helada;* Informationen im Touristenbüro. Außerhalb der Saison finden Jogger an den Stränden und Promenaden ausreichend Auslauf. Der *Rancho Sierra Helada (Carretera Diputación s/n | Handy 610 91 74 46)* bietet Ausritte an. In und um Benidorm liegen mehrere Fun- und Freizeitparks, darunter *Mundomar, Terra Mítica* und *Terra Natura (siehe auch „Mit Kindern reisen“).*

STRÄNDE

★ Die unbestrittenen Königinnen der Strände sind die *Platja de Llevant/Playa de Levante* (Oststrand; 2,1 km lang) und die *Platja de Ponent/Playa de Poniente* (Weststrand; 3,1 km). Zwischen beiden Sandstrandlinien erhebt sich ein Vorsprung mit der dahinterliegenden Altstadt. Zur Platja de Ponent hin wendet sich der Hafen, in dessen Nähe der nur 120 m kurze Strandzwerg *Mal Pas* liegt. Hinter der Platja de Levant zeigen zwei kleine Buchten, die *Cala Almadrava* und die *Cala del Ti Ximo,* ihre schroffen Reize. Ein weiterer Vorsprung, auf dem bereits die Iberer siedelten, trennt die Platja de Ponent von der

Wasserskifahrer an der Platja de Llevant von Benidorm

südwestlich gelegenen *Cala de Finestrat,* einer schönen Sandbucht.

AM ABEND

Viele Diskos reihen sich an der ▶▶ nordöstlichen Stadtausfahrt in Richtung Altea auf *(Av. Comunitat Valenciana),* darunter *KU, Racha Rock* und *Penelope.* Ebenfalls in sind das *KM Playa* und das *KU Playa,* beide in der Avenida Alcoy. Ein anderes Publikum haben die rauschenden Revueprogramme mit Dinner im *Benidorm Palace (Av. Severo Ochoa s/n | Tel. 965 85 16 60 | www.benidorm-palace.com)* im Blick. Konzerte von Klassik bis Blues gibt's in der *Aula de Cultura Cam (C/. Alameda 17 | Tel. 965 85 07 05).*

AUSKUNFT

Av. Martínez Alejos 16 | Tel. 965 85 13 11 | Fax 966 80 88 58 | www.benidorm.org

ZIELE IN DER UMGEBUNG

ALCOI/ALCOY [119 D4]

Umgeben von weitläufigen Berggebieten und mit den Naturparks *Serra Mariola* und *Carrascar de la Font Roja* zum Greifen nah, ist das 50 km nordwestlich gelegene Städtchen (62 000 Ew.) ein beliebtes Hinterlandziel. Für die Hin- oder Rückfahrt bietet sich die schöne Bergstrecke über Guadalest, Confrides und Benilloba an. Große Besucherströme verzeichnet Alcoi alljährlich am 23. April zu den Feierlichkeiten *Moros y Cristianos;* damit gedenkt man der mittelalterlichen Schlachten zwischen Mauren und Christen. Bei den Aufmärschen wirken rund 5000 Teilnehmer mit. Im Stadtbild verdienen das historische Viertel, einige Jugendstilbauten, der zu Beginn des 20. Jhs. erbaute *Viaducto de Canalejas* mit seiner Metallstruktur sowie das *Archäologische Museum (Museu Arqueològic | Placeta del Carbó | Mo 9–14, Di–Fr 9–14 und 16–19, Sa/So 10.30–13.30 Uhr)* Beachtung. Solide Unterkunft im *Hostal Savoy (29 Zi. | C/. Casablanca 9 | Tel. 965 54 72 72 | Fax 965 54 89 67 | www.hostalsavoy.com | €€).*

Insider Tipp

Touristeninformation: C/. Sant Llorenç 2 | Tel. 965 53 71 55 | Fax 965 53 71 53 | www.alcoiturisme.com

ALTEA [119 E5]

Dieses ca. 10 km nordöstlich gelegene Städtchen (21 000 Ew.) teilt sich in einen Küstenbereich und den Altstadthügel auf. Am Meer spielt sich das Leben um den Sport- und Fischerhafen und den Passeig del Mediterrani ab; das Restaurant *San Miguel (C/. Lamar 65 | Tel. 965 84 04 00 | Sa abends, So abends und Di geschl. | €–€€)* setzt mit Fisch- und Reisgerichten seit Jahrzehnten auf bewährte Speisetradition. Hinter der Durchgangsstraße gehen die Bilder mit einem Schlag ins Dörfliche über. Wäsche baumelt über den Gassen, Balkone sind mit Blumentöpfen überladen. Ein langer Aufstieg führt auf den Kirchvorplatz mit umliegenden Bars und dem Zugang zum *Mirador Cronistes d'Espanya* von wo aus der Blick bis zur Skyline von Benidorm schweift.

FONTS DE L'ALGAR/ FUENTES DEL ALGAR ★ [119 E5]

Rauschende Wasserfälle, aufgestautes glasklares Wasser, Brückchen über den Fluss – zu Recht vermarkten sich die rund 15 km nördlich bei Callosa d'en Sarrià gelegenen *Algar-Quellen (Juli–Sept. tgl. 10–19.30, April–Juni 10–18.30, sonst 10.30–17 Uhr)* als kleines Naturparadies. Am Kassenhäuschen ist normalerweise ein Übersichtsplan erhältlich, doch auch ohne diesen ist das ein Stück flussaufwärts führende Wegenetz nicht zu verfehlen. An einigen Stellen können Sie auf eigene Verantwortung baden. Das Areal ist mit Bedacht touristisch aufbereitet, allerdings herrscht im Einzugsbereich Geschäftetreiberei mit dem Parkraumnotstand. Es gibt eine ganze Reihe an Restaurants, die vornehmlich auf Massenabfertigung gerichtet sind. Dagegen ist der Kauf von Mispelprodukten (Saft, Früchte in Sirup, Honig, Schnaps), die eine geschützte Herkunftsbezeichnung aus Callosa d'en Sarrià tragen, zu empfehlen. Etwa 1 km oberhalb der Fonts de l'Algar liegt ein interessanter Kaktusgarten. Weitere Infos zu Fonts de l'Algar unter *Tel. 965 97 21 29* und im nahen *Callosa d'en Sarrià (Oficina de Turismo | Tel. 965 88 01 53 | www.callosa.es)*.

Insider Tipp

GUADALEST ★ [119 E4–5]

Hineinspaziert in diesen Traumort aus Stein! In Relation zu seinen knapp 200 Einwohnern schluckt Guadalest mit jährlich ca. 3,5 Mio. Besuchern allerdings den größten Ansturm seiner Art in ganz Spanien. Ruhige Tage sind da eher selten. Auf eine Schneise aus Souvenirshops folgt der Tunnel in den historischen Kern, der überragt wird von der Burg. Die Ausblicke rundum sind phantastisch: auf schroffe Berge und hinab ins Tal auf die schimmernden Wasser des Stausees von Guadalest. Zur Museumskultur gehören auch die volkskundlich aufbereitete *Casa Orduña* und der „Magische Garten" mit seinen Skulpturen. Als ausdrückliches „Zeugnis gegen die Brutalität" versteht sich das *Foltermuseum (Museo de Tortura | tgl. 11–19 Uhr, im Sommer abends etwas länger, je nach Zulauf)*, über dessen Sälchen sich mehr als 70 historische Geräte und Werkzeuge verteilen: vom Galgen und Grill über die Streckbank bis zur Guillotine. Guadalest ist auch als *El Castell de Guadalest* bekannt und liegt rund 20 km nordwestlich von Benidorm. *www.guadalest.com*

> PHANTASIE IN MINI

Die Mikrominiaturen des Manuel Ussá in Guadalest

Die „Nackte Maja" von Goya auf einen Fliegenflügel gemalt, Meisterwerke von Velázquez und Rubens auf Mais- und Weizenkörnern, eine Geige spielende Ameise, ein Fahrrad fahrender Floh. Dank ruhiger Hand und streng kontrollierter Atmung ist für den Künstler Manuel Ussá nichts unmöglich. In Guadalest präsentiert er seine Werke in zwei Museen: im *Museo de Microminiaturas (Di–So 10–18, im Sommer bis 20 Uhr)* und im *Museo Microgigante (Sa–Do 10–18, im Sommer bis 20 Uhr)*. Lupen und Mikroskope helfen dem Betrachter, die erstaunlichen Werke zu bestaunen.

TERRA MÍTICA [119 E5]
Vorhang auf für die „Terrorpyramide", das „Labyrinth des Minotaurus" und die „Katarakte des Nils": It's Show- und Funtime in diesem gigantischen Vergnügungspark im Rücken von Benidorm. Animationsprogramme allerorten; zur Auswahl stehen wilde und ruhigere Fahrgeschäfte für jedes Alter. Das Leitmotiv bilden die alten Kulturen des Mittelmeerraums: von Ägyptern und Griechen bis hin zu Römern und Iberern. *Mitte März–Anfang Nov., wechselnde Zugangszeiten, außerhalb der Kernsaison mitunter nur Do–So 10 bis 20, Ende Juni–Mitte Sept. tgl. 10 bis 1 Uhr | Tagesticket 34 Euro, Kinder (5–10 Jahre) 25,50 Euro, ermäßigtes Abendticket 21, Kinder 16,50 Euro | Partida del Moralet s/n, (weitläufig beschilderte Anfahrt) | www.terramiticapark.com | Tel. 902 020220*

Einst von Christenkriegern, heute von Ausflüglern belagert: Guadalest

LA VILA JOIOSA/ VILLAJOYOSA [119 D–E5]
Farbige Hausfassaden in Orange, Grün, Blau und Rot sind die stillen Wahrzeichen dieses 10 km südwestlich gelegenen Küsten- und Hafenstädtchens (30000 Ew.). Das einstige Fischerdorf ist eine Strandalternative zu Benidorm, kann es mit dem dortigen Highlife allerdings nicht aufnehmen. Hübsch ist das kleine Altstadtviertel mit der Kirche *Assumpció,* Ende Juli findet das Volksfest *Moros y Cristianos* statt. Luxusunterkunft mit Spitzenrestaurant: Hotel *El*

Montiboli (50 Zi. | Partida Montiboli s/n | Tel. 965 89 02 50 | Fax 965 893857 | www.montiboli.es | €€€).

Touristenbüro: Av. Pais Valenciano 10 | Tel. 966 85 13 71 | Fax 966 85 29 47 | www.villajoyosa.com

CALP/CALPE

[119 E5] **Ein Ort, ein Felsmassiv, ein Blickfang – die Flanken des Penyal d'Ifac/Peñón de Ifach werfen sich als eines der Wahrzeichen der gesamten Mittelmeerküste auf.** Der gewaltige Vorsprung kratzt mit 332 m am Himmel über Calp und wurde bereits von den phönizischen Seefahrern bewundert, die ihn „Felsen des Nordens" nannten. Zu Füßen des Felsens liegt das Strand- und Hafenstädtchen (28000 Ew.), das sich ausgedehnt an der Küste entlangzieht und aus einem Fischerdorf hervorgegangen ist. Im Jahr 1238 wurde Calp von den Christen aus maurischer Hand zurückerobert, bald darauf begann die Ausbeutung der Salinen. 1744 erwehrte man sich eines legendären Angriffs gegen 800 Piraten, die in fünf großen Schiffen auf die Küste zusteuerten. In den letzten Jahrzehnten haben sich viele Deutsche in der Gegend niedergelassen, die Häuserteppiche schieben sich bis an die Berge heran.

SEHENSWERTES

ALTSTADT

Calpes kleiner historischer Kern konzentriert sich auf den Bereich um die Plaza de la Vila mit Stadtmauerresten, der gotischen Kirche im Mudéjar-Stil (15. Jh.), der modernen Kirche *Virgen de las Nieves* und dem *Sammlermuseum (Museo del Colecionismo | Di–So 10.30–13.30 und 17–20 Uhr).*

HAFEN

Sport- und Fischerhafen mit pulsierendem Leben rundherum. Edle Yachten sind hier genauso zu finden wie Netze flickende Fischer. Viele Restaurants setzen auf Meeresfrüchtekost; montags bis freitags findet gegen 16 Uhr die Fischversteigerung statt.

PENYAL D'IFAC/ PEÑÓN DE IFACH ★

Calpes Felsgigant steht als *Parc Natural* unter Schutz, ist Lebensraum zahlreicher Seevögel und Heimat Hunderter von Pflanzenarten. Hinter dem Hafen legt sich der *Passeig Ecològic Príncipe de Asturias,* eine gepflegt aufbereitete Promenade, in einer Schleife um die West- und Südabstürze. Im Schatten des übermächtig scheinenden Peñón geht es dort vorbei an der Steinbucht *El Racó,* an Laternen, Palmen und Mimosen, mit schönen Blicken auf Küste und Berge. Traumhafte Aussichten bringt auch der Kräfte zehrende, nur für geübete Bergwanderer geeignete Aufstieg mit sich (ca. 2–2,5 Std.). Zwischendurch passiert der Weg einen Felsentunnel, der 1918 angelegt wurde.

ESSEN & TRINKEN

LAS BARCAS

Die Hafenstimmung genießen, entweder beim Tagesmenü oder bei Paellas in verschiedenen Variationen. Große Terrasse. *Nov. geschl., sonst tgl. | Explanada del Puerto | Tel. 965 83 85 93 | €–€€*

LOS DOS CAÑONES
Direkt gegenüber der Stadtmauer liegt dieses einfache Lokal mit schöner Terrasse. Lammkoteletts, Entrecôte, auch vegetarische Paella. Der Service dürfte freundlicher sein. *Nov.–März sowie Sa abends geschl. C/. Trinquet 2 | Tel. 965 83 74 92 |* €–€€

Spa. *284 Zi. | Av. Valencia 24 | Tel. 965 83 97 02 | Fax 965 87 49 32 | www.bahiacalpe-hotel.com* | €€€

GRAN SOL Insider Tipp
Etwas außerhalb gelegenes, kleines Hotel mit familiärer Atmosphäre und Pool. Zimmerpreise inklusive Frühstück. Günstige Tarife in der Neben-

Grandiose Ausblicke eröffnen sich Bergwanderern vom Penyal d'Ifac

EINKAUFEN
Trödel- und Allerleimärkte werden mittwochs gegenüber dem *Pabellón Municipal de Deportes* und samstags im Bereich *Avenida Ouerto Santa María/Avenida del Norte* abgehalten.

ÜBERNACHTEN
BAHÍA CALPE
Komfortables Vier-Sterne-Haus über dem Strand Arenal-Bol mit Pool und

saison, gutes Preis-Leistungs-Verhältnis auch im Restaurant *Valentina's (Mo-Mittag und So-Abend geschl. | €). 12 Zi. | Urbanización Gran Sol, 6 B | Tel./Fax 965 83 62 82 | www.hotelgransolcalpe.com* | €

FREIZEIT & SPORT
Im Sommer starten ab dem Hafen Bootstouren an der Küste entlang, auch Altea und Benidorm werden an-

gesteuert. Zahlreiche Wassersportaktivitäten wie Segeln, Meereskajak, Wind- und Kitesurfen im *Centro de Deportes Náuticos Las Antípodas (Ctra. Calpe–Moraira, km 2 | Tel. 965 83 83 10 | www.lasantipodas.com).*

STRÄNDE

Calpes Strände und Buchten liegen diesseits und jenseits des *Peñón de Ifach*. Westlich – und somit hinter dem Hafen beginnend – sind dies die kleine *Playa Cantal-Roig* (im Bereich der Baños de la Reina salzten die Römer ihren Fisch ein), die *Cala Morelló* und die 1,2 km lange *Playa Arenal-Bol* mit netter Promenade. Nördlich des Peñón de Ifach breitet sich das 950 m lange Sandband der *Playa de Levante* (auch: *Playa La Fossa*) aus.

AM ABEND

Populäre Treffs sind Bars und Pubs wie *Camaleón (C/. Gibralar 6), Adelfas (Urbanización Las Adelfas, 3 A), Álamo (C/. La Santamaría 5)* und die Rockbar *Caracol (C/. La Niña 32)*. Die *Discoteca Blue Bay* liegt in der C/. Ponent. Konzerte und andere Veranstaltungen in der *Casa de Cultura Jaume Pastor i Fluixà (Av. Masnou 1 | Tel. 965 83 91 23 | www.cultura.calpe.es).*

AUSKUNFT

Pl. del Mosquit s/n | Tel. 965838532 | Fax 965838531 | www.calpe.es

ZIEL IN DER UMGEBUNG

MORAIRA **[119 F4]**

Ein buchtenreicher und dicht besiedelter Küstenstreifen mit Villen- und Kiefernzonen trennt Calp von dem etwa 15 km nördlich gelegenen Moraira, die Großgemeinde heißt *Teulada-Moraira* (12000 Ew.). Zwischen der *Platja de l'Ampolla* und dem Hafen bildet der wulstige Rundturm des *Kastells* (18. Jh.) den Blick-

> BLOGS & PODCASTS

Gute Files und Tagebücher im Internet

- *www.spanien.org.es* – Reisen, Sport, Stierkampf, Nachrichten, Tipps für die Automiete – die Vielfalt der Themen und die übersichtliche Aufmachung sprechen für diesen Blog. Suchfunktion auch nach Monaten.
- *www.vip-guide-denia.com* – Nachrichten, Kultur, Reportagen mit Schwerpunkt Dénia.
- *www.auswandern-spanien.net* – Interessante Details und Infos nicht nur für Auswanderungswillige.
- *www.urlaub-spanien-reise.de/blog/* – Was kosten Sprachkurse, wie sieht es mit Immobilien aus, wie wird Weihnachten in Spanien gefeiert? Dies und vieles mehr lässt sich hier nachlesen.
- *www.spanisch-live.de* – Mit dem Spanisch-Podcast können Sie bequem Spanisch üben.
- *www.ecos-online.de/podcast/* – Aktuelle Themen mit Schwerpunkt Kultur, Sprachtrainer, Interviews.

Für den Inhalt der Blogs & Podcasts übernimmt die MARCO POLO Redaktion keine Verantwortung.

fang. Im Hinterland wird Wein angebaut; fangfrisches Meeresgetier ist regelmäßig im Fischmarktgebäude *(Lonja)* im Angabot. Nahe dem Hafen laden mehrere Freiluftbars zur Einkehr ein.

Touristenbüro: Ctra. Moraira–Teulada 51 | Tel. 965 74 51 68 | Fax 966 49 15 04 | www.teulada-moraira.org

DÉNIA

[119 F4] **Als Tor zur Costa Blanca und Sprungbrett (Fährhafen) zu den Balearen nimmt Dénia (41 000 Ew.) seine Besucher weltoffen auf und trägt seit alters her maritimen Charakter.** Die Gegend um Dénia ist zwar dicht besiedelt, doch zum Glück geht es architektonisch hier mehr in die Breite als in die Höhe. Zu Römerzeiten hieß die Stadt Dianium, die Mauren nannten sie Daniya, 1244 fiel sie zurück an die spanischen Christen. Die besuchenswerten Bereiche sind deutlich abgesteckt: die ausgedehnte Hafenfront, der Burgberg, die Stadtstrände. Hinzu gesellen sich die geschäftigen Zentrumszonen um die *C/. del Cop* und die *C/. Marqués de Campo.*

Das Hinterland ist mit Orangenhainen übersät, südostwärts bricht sich der Blick am schroffen *Montgó-Massiv* samt seinen Klippenausläufern. Auf kulinarischem Gebiet genießt Dénia mit seinen köstlichen *gambas* einen guten Ruf. Stets interessant ist die Ankunft der Fischerboote – wochentags etwa zwischen 15.30 und 16 Uhr; anschließend werden die frisch angelandeten Produkte in der Fischhalle *(Lonja de Pescado)* versteigert.

Der Penyal d'Ifac bei Calp, das Wahrzeichen der Costa Blanca

SEHENSWERTES

CASTELL

Zu Mauern und Burg steigen Sie hinter der Arkadenfront des Rathauses hinauf und werden bald von einem muselmanischen Torbogen geschluckt. Weitere Spuren der Mauren zeigt die *Torre Islámica,* ein gut erhaltener Vorturm, in dessen Richtung ein Weg durch einen schönen Kiefernhain führt. Hier genießen Sie erste gute Ausblicke auf das Montgó-Massiv. Atemschwer geht es bis zum Oberplateau mit dem *Palau del Gobernador* und dem *Museu Arqueològic;* der Besuch des kleinen Archäologischen Museums ist im Eintrittspreis enthalten. Im Sommer gibt das Kastell gelegentlich den Rahmen für Konzerte ab; im Juli/Aug. sind die Insider Tipp Nachtbesuche besonders stimmungsvoll. *Tgl. 10–13 und 15–18, im Frühjahr abends bis 19, im Sommer bis 20.30, Juli/Aug bis 0.30 Uhr (außer an Konzertabenden)*

MUSEU DELS JOGUETS

Spielzeugmuseum mit Puppenstuben und Autos von anno dazumal. Kostenloser Eintritt, etwas nüchterner Rahmen. *Tgl. 10–13 und 16–20 Uhr | C/. Calderón s/n*

> LOW BUDGET

- In Alacant ist der Eintritt in verschiedene Museen kostenlos. Das *Museum Fogueres Festival (C/. Teniente Álvarez Soto s/n | Di-Sa 10–14 und 18–21, im Winter 17–20, So immer 10–14 Uhr)* setzt den Brauch der Johannisfeuer ins rechte Licht, im *Museo de Belenes (C/. San Agustín 3 | Di-Fr 10–14 und 17–20, im Winter 16.30–19.30, Sa 10–14 Uhr)* gibt es kunstvolle Krippen zu sehen; im *Museo Taurino (Plaza de España | Di-Fr 10.30–13.30 und 17–20, Sa 10.30–13.30 Uhr)* dreht sich alles um den Stierkampf.
- In der Feriengemeinde Benidorm bieten zehn Campingplätze Alternativen zu den Hotels, darunter das *Almafrá Resort (Partida Almafrá | Tel. 965889075 | Fax 966860787 | www.campingalmafra.es)*, ein Platz der ersten Kategorie mit Restaurant, Pool und Sauna. Es gibt auch fest installierte Mobile Homes (Mindestmiete vier Nächte).

ESSEN & TRINKEN

MENA

Mit einem großen Terrassenbereich nahe der Platja Arenetes; die Auswahl reicht von Entrecôte über Wolfsbarsch bis zur Fischgrillplatte. Es gibt auch Kindermenüs. *Mi geschl. | Final de las Rotas | Tel. 965 78 09 43 | €€*

LA NAVIERA

Insider Tipp

Mitten im geschäftigen Leben. Diverse Salate zur Auswahl, gutes Tagesmenü, Fleischplatte, Reis- und Pastagerichte. *Tgl. | C/. Marqués de Campo 9 | Tel. 966 43 21 36 | €*

EINKAUFEN

Der Wochenmarkt wird in der Halle in der *C/. Magallanes* abgehalten *(Mo–Sa 7–14 Uhr)*, mitunter kommen auch noch ein paar Freiluftstände dazu. Die *Explanada Torrequemada* ist montagvormittags Schauplatz eines *mercadillo* (Allerleimarkt mit Kleidung, Schuhen etc.) und freitagvormittags eines *rastro de antigüedades* (Trödel, Antiquitäten). Im Sommer wird täglich ein abendlicher *mercadillo* auf der *Explanada Cervantes* veranstaltet *(bis ca. Mitternacht)*. Während der Orangensaison (Okt.–April) gibt es mancherorts Direktverkäufe, säckeweise z.B. an der Straße Richtung Gandia.

ÜBERNACHTEN

BUENAVISTA

Etwas außerhalb gelegenes Landhotel. Das Haus aus dem 19. Jh. ist eingefasst in ein 16000-m^2-Areal. Am Pool lässt sich die Ruhe genießen, Komfort in jeder Hinsicht. Preise inklusive Frühstück. *17 Zi. | Tossalet*

82 | Tel. 965 78 79 95 | Fax 966 42 71 70 | www.buenavistadenia.com | Reservierungen auch über die Landhotelkette Rusticae (www.rusticae.es) möglich | €€

CRISTINA

Für alle, die auf den Euro schauen müssen. Einfach und zweckmäßig, zentrale Lage, Zimmer mit Bad; mit Bar. *20 Zi. | Av. del Cid 5 | Tel. 966 42 31 58 | Fax 966 42 65 79 | www.hostal-cristina.com | €*

Insider Tipp

LES ROTES

Modernes Design bis ins Bad, ansprechender Poolbereich und nur wenige Hundert Meter Fußweg bis zur Meerespromenade. Zimmer mit Meerblick und Terrasse gegen geringen Aufpreis. Gut für Autofahrer der hauseigene Parkplatz, direkt an der Straße Busstation mit Verbindungen ins 4 km entfernte Zentrum. Vier Sterne, mit Restaurant. Preise inklusive Frühstück. *33 Zi. | Ctra. Barranc del Monyo 85 | Les Rotes | Tel. 965 78 03 23 | Fax 965 78 73 40 | www.hotellesrotes.com | €€*

FREIZEIT & SPORT

Insider Tipp

Spaziergänger können vom Zentrum aus kilometerlang an der Meereslinie entlang gehen, vorbei an der *Platja Marineta Cassiana* und der *Platja El Trampolí* bis hinter die *Punta Negra;* auf der auch für Jogger geeigneten Strecke wechseln sich Promenaden und Erdwege mit dem ein oder anderen Stückchen Nebenstraße ab. Im Hafen starten regelmäßig Ausflugsboote nach *Xàbia* und *Calp*. Tauchtrips und -kurse bietet das *Centro de Buceo La Marina de Reig an (Ctra. Las Marinas 239, km 3 | Tel. 965 78 24 15 | www.ctv.es/dei/lamarina)*.

Im greifbar nahen Hinterland von Dénia ist der *Parc Natural Montgó*

Schätze auf dem Trödelmarkt von Dénia

ein beliebtes Wanderziel (Broschüre im Fremdenverkehrsamt). Ab dem Ausgangspunkt am *Camí del Pou de la Montaña* stehen mehrere Wege zur Wahl, darunter zur *Cova de l'Aigua* (1,6 km), zum *Racó del Bou* (2,6 km) und hoch hinauf zum 753 m hohen Gipfel (*Creueta,* 8,5 km).

STRÄNDE

Auf die Gemeinde Dénia entfallen rund 20 km Küste, getrennt durch den Hafen in die nördlichen Strände *(Playas de las Marinas)* und die südlichen Strände *(Playas de las Rotas)*. Während sich die „Nordstrände“ durch sandige Weiten auszeichnen, setzen sich die „Südstrände“ aus kleineren Abschnitten und Steinbuchten zusammen. Ausnahme ist der hafennahe Sandstrand *Marineta Cassiana*.

AM ABEND

Die beliebteste Ausgehzone mit Sporthafenflair, zahlreichen Pubs, Bars und Restaurants liegt an der ▶▶ Südseite der Marina *(Escullera Sud)*, ein weiterer populärer Bereich rund um die C/. La Mar mit dem *Missing* und weiteren Abendtreffs. Gern frequentierte Diskotheken sind u. a. *La Dolce Vita (Ctra. Les Marines, km 1)* und *M'en Font (Ctra. Les Marines, km 5 | Centro Comercial Les Fonts)*.

AUSKUNFT

Pl. Oculista Buigues 9 | Tel. 966 422367 | Fax 965 78 09 57 | www.denia.net

ZIELE IN DER UMGEBUNG

COVA DE LES CALAVERES/ CUEVA DE LAS CALAVERAS [119 E4]

Die Grotte mit dem martialisch klingenden Namen „Schädelhöhle“ ist auch als *Cova de Benidoleig* bekannt. Hier fanden schon Urmenschen Unterschlupf. Die Bezeichnung „Schädelhöhle“ geht auf menschliche Knochenfunde aus muselmanischen Zeiten zurück; auf der Suche nach Wasser waren einige Mauren vermutlich eingeschlossen worden. Ins Reich der Legende gehört die Geschichte eines Maurenfürsten, der gemeinsam mit seinem 150-köpfigen Harem hier Schutz vor den Truppen des Cid gesucht haben soll. *14 km südwestlich von Dénia | tgl., im Sommer 9–20, sonst 9–18 Uhr*

GANDIA/GANDÍA [119 E3]

Die etwa 30 km nordwestlich gelegene Stadt (65 000 Ew.), splittet sich in einen Inlands- und einen Küstenteil auf. Nahe dem Nautikclub beginnt der kilometerlange breite Sandstrand mit seiner großzügig angelegten Promenade; dort liegt auch das *Touristenbüro (Passeig Maritim Neptú 45 | Tel. 962 84 24 07 | Fax 962 84 52 17 | www.gandia.org)*. Meeresfrüchte und einen schönen Blick von den Terrassen genießen Sie im Restaurante *Ripoll (Passeig Maritim Neptú, Dique Norte | Tel. 962 846743 | €€)*. Im historischen Zentrum liegt der *Palau dels Borja*, der Grafenpalast des berühmt-berüchtigten Adelsgeschlechtes Borgia aus dem 16. Jh. *(C/. Duc Alfons el Vell 1 | Führungen Di–Sa 10–13 und 16 bis 18.30, im Sommer bis 19, sowie So 10–13 Uhr)*.

XÀBIA/JÁVEA, CAP DE LA NAO [119 F4]

Das ca. 10 km südöstlich gelegene Xàbia (spanisch: Jávea, 27 000 Ew.) ist weit auseinandergezogen und trumpft mit weiteren schönen Stränden auf, angeführt von der *Platja de l'Arenal*. Hier bieten sich zahlreiche Plätze zur Einkehr an, das viel von britischen Gästen frequentierte *Scallops (Tel. 965 77 14 88 | €)* überzeugt durch ein gutes Preis-Leistungs-Verhältnis. Hinter dem anderen Ende der von Promenaden gesäumten Strandbucht liegt der *Parador*, ein Vier-Sterne-Hotel, eingefasst in einen Palmenhain *(70 Zi. | Av. del Mediterráneo 7 | Tel. 965 79 02 00 | Fax 965 79 03 08 | www.parador.es | €€€).*

Unterhalb des Kaps Sant Antoni breitet sich der Hafen aus, eine zweite Landspitze sticht südöstlich von Xàbia in die See: das *Cap de la Nao,* auch *Nau* geschrieben. Die ausgeschilderte Straße zum Nao-Kap führt durch ein ausgedehntes Villengebiet, in dem es vereinzelt Abzweige zu Buchten gibt (*Portitxol,* Nudistenareal *Ambolo*). Über dem Kap erhebt sich ein Leuchtturm, Möwengeschrei dringt heran, es riecht nach Kiefern und Lavendel. Die Ausblicke über die Felsenküste sind recht gut.

Touristenbüro im Zentrum von Xàbia: Pl. Església 4 | Tel. 965794356 | Fax 965796317, | www.xabia.org

ELX/ELCHE

[118 C6] **Palmen, Palmen, nichts als Palmen. In Elx, rund 15 km von der Küste entfernt, gibt es so viele Palmen wie Bewohner, ziemlich genau 200000. Die Bäume steht unter strengem Schutz.** *Palmerar/El Palmeral,* der in der Maurenzeit angelegte Palmenhain, gilt europaweit als der größte seiner Art und zählt zum Welterbe der Unesco. Während ihrer langen Herrschaft schufen die Mauren nicht nur blühende Gärten, sondern trieben den Ausbau der Landwirtschaft mit geschickten Bewässerungsmethoden voran – kein Wunder, sie waren Experten in Sachen Oasenkulturen. Die berühmte Skulptur der „Dame von Elche“ entstand vor rund 2500 Jahren, als die Stadt Heliké hieß. Neben maurischen Zeugnissen wie dem

Einsame Felsenbucht am Cap de la Nao bei Xàbia

Burgpalast *Alcàsser de la Senyoria* und dem klobigen Turm *La Calaforra* hat inzwischen auch die Moderne im Stadtbild um sich gegriffen. Die Schuhproduktion ist ein bedeutender Wirtschaftsfaktor.

SEHENSWERTES

BANYS ÀRABS

Reste unterirdisch angelegter maurischer Badeanlagen aus dem 12. Jh. *Di–Sa 10–13.30 und 16.30–20, So 10.30–13.30 Uhr | Passeig de les Eres de Santa Llúcia*

BASÍLICA DE SANTA MARÍA

Basilika aus dem 17./18. Jh. mit hoch aufragender, blau gekachelter Kuppel und golden glänzendem Hauptaltar, im August Schauplatz des *Misteri d'Elx*. Wer den 37 m hohen Turm besteigt *(tgl. 11–18, im Sommer bis 19 Uhr)* wird mit einem herrlichen Blick belohnt.

MUSEU D'ART CENTEMPORANI

Museum für Zeitgenössische Kunst. *Di–Sa 9.30–13.30, 17–20, So 10.30 bis 13.30 Uhr | Pl. Major del Raval 1*

MUSEU MUNICIPAL DE LA FESTA

Ausstellung zum Mysterienspiel von Elx *(siehe Kasten S. 75)*, mehrmals täglich gibt es audiovisuelle Vorführungen. *Di–Sa 10–13.30 und 16.30 bis 20 (im Sommer 17–20.30), So 10–13 Uhr | C/. Major de la Vila 25*

MUSEU DEL PALMERAR

Dokumentationszentrum rund um die Palmenhaine, nahe dem Huerto del Cura in einem Haus aus dem 19. Jh. *Di–Sa 10–13.30, 16.30–20, So 10.30 bis 13.30 Uhr | Porta de la Morera 12*

Palmen, Kakteen, Teiche: die märchenhafte Parklandschaft des Huerto del Cura

PALMERAR/EL PALMERAL ★

Unter dieser Bezeichung versteht man die Gesamtheit der Dattelpalmenpracht von Elche, verteilt auf mehrere Bereiche und Gartenanlagen. Der frequentierteste Palmenpark beginnt gleich hinter den Stadtmauerresten und dem maurischen Burgpalast *Alcàsser de la Senyoria:* der *Parc Municipal,* der exzellent aufgemacht ist mit Wegen, Bänkchen, Pflanzenensembles, Blumenbeeten, Trinkbrunnen, Kinderspielgeräten und einem Musikpavillon. Am Rande dieses Stadtparks finden Sie das Fremdenverkehrsamt und ein Besucherzentrum *(Centre de Visitants | Mo–Sa 10–19, So 10–14 Uhr).*

Der Höhepunkt des Höhepunkts der Palmenhaine öffnet sich mit dem *Huerto del Cura.* Zwischen Palmen, Teichen, Wasserspielen, mediterranen und exotischen Pflanzen durchstreifen Sie eine der schönsten Oasen Spaniens – eine echte Bilderbuchanlage! *Porta de la Morera 49 | Nov. bis Feb. tgl. 9–18, sonst bis 19, im Sommer bis 21 Uhr | Eintritt 5 Euro*

PARC ARQUEOLÒGIC I MUSEU DE L'ALCUDIA

Archäologisches Areal mit Spuren der Vorläufersiedlungen des heutigen Elx, etwas außerhalb gelegen. *April bis Sept. Mo–Sa 10–14 und 16–20, sonst Mo–Sa 10–17, So immer 10–15 Uhr | Ctra. de Dolores, km 2*

ESSEN & TRINKEN

MESÓN EL GRANAINO

Erlesene Traditionsküche mit andalusischem Einschlag. Stilvoll, gute Weinauswahl. *So geschl. | José María Buch 40 | Tel. 966664080* | €€€

EL PERNIL

Gut ausgewogene Mittelmeerküche, angeführt von Fisch und Meeresfrüchten. *Im Sommer So geschl. | Juan Ramón Jiménez 4 | Tel. 966 613303* | €€

ÜBERNACHTEN

HUERTO DEL CURA

Gepflegtes Vier-Sterne-Haus, großzügig eingefasst in herrliche Gartenanlagen, in der Nähe des schönsten Palmenhains der Stadt. *86 Zi. | Porta de la Morera 14 | Tel. 966 61 00 11 | Fax 965 42 19 10 | www.hotelhuertodelcura.com* | €€–€€€

IBIS

Zweckmäßiges Zwei-Sterne-Haus. Kein Luxus, dafür preislich attraktiv. *96 Zi. | C/. Barchell 5 | Tel. 966 615451 | Fax 965458747 | www.ibishotel.com* | €

AUSKUNFT

Parc Municipal | Tel. 966658195 | Fax 965457894 | www.turismedelx.com

ZIELE IN DER UMGEBUNG

GUARDAMAR DEL SEGURA [121 E3]

Mit Kiefern- und Eukalyptusgürteln, der Flussmündung des Riu Segura sowie Strand- und Dünenzonen liegt die Stärke des Städtchens (15000 Ew., 20 km südöstlich) in der abwechslungsreichen Natur. Wunderbar aufbereitet ist der *Parque Alfonso XIII,* der sich hinter den Stränden *Babilònia* und *Vivers* anschließt und bis an den Sport- und Fischerhafen *Marina de las Dunas* heranreicht. Die von Wegen durchsetzte Parkanlage lädt zu ausgiebigen Streifzügen ein und bewahrt sowohl Reste aus phönizischen Zeiten (*Yacimiento Fenicio*, 8. Jh. v. Chr.) als auch aus aus der maurischen Ära (*Rabita Califal*, 10. Jh.). Die Burgmauern auf dem Hügel *El Castell* ummantelten die im 13. Jh. begründete Altstadt, die durch

Neogotische Zuckerbäckerei: Santuario Santa María Magdalena bei Novelda

das Erdbeben von 1829 verheerende Schäden erlitt. In jüngerer Vergangenheit war Guardamar del Segura Schauplatz ausgiebiger Immobilienspekulation. Parallel zur *Platja Centre*, dem Zentralstrand, verlaufen schöne Promenaden *(Av. d'Europa, Paseo Marítimo)*, die mit zahlreichen Restaurants, Bar- und Caféterrassen zur Rast einladen. Nachtschwärmer zieht es im Sommer in die *Discoteca GB Guardamar.*

Reisende mit nicht allzu großem Budget quartieren sich im einfachen Ein-Stern-Hotel *Eden Mar* ein *(25 Zi. | C/. Mediterráneo 19 | Tel./ Fax 965 72 92 13 | www.hoteledenmar.com | €)*; höheren Ansprüchen genügt das Vier-Sterne-Hotel *Parque Mar (57 Zi. | C/. Gabriel Miró s/n | Tel. 966 72 51 72 | Fax 965 72 93 76 | www.hotelparquemar.com | €€)*, dem ein Restaurant angeschlossen ist. Guardamar del Segura ist auch unter Campern beliebt, der sehr gut ausstaffierte Platz *Marjal (Marjal Complejo Turístico | Carretera Nacional 332, km 73,4 | Tel. 966 72 70 70 | Fax 966 72 66 95 | www.campingmarjal.com)* hat ganzjährig geöffnet und vermietet auch 36 Bungalows.

Touristenbüro: Pl. de la Constitució 7 | Tel. 965 72 44 88 | Fax 965 72 72 92 | www.guardamar.net

NOVELDA **[118 C6]**

Mit ihren kargen, zerfurchten Hügeln wirkt die Szenerie wie eine Wildwestkulisse. Rund um Novelda (8000 Ew., ca. 15 km nordwestlich), bekannt für seine Marmorbetriebe, bekommt man gute Einblicke ins Hinterland. Interessanter als das Zentrum ist ein 3 km außerhalb gelegenes Ensemble zu Füßen des 541 m hohen Mola-Gipfels: die Burg *La Mola* und das Sanktuarium *Santa María Magdalena;* beides finden Sie, wenn sie den Schildern Richtung Castell und Santuari folgen. Das restaurierte kleine *Kastell (im Sommer Di–So 11 bis 13 und 17–19, sonst Di–So 11–13 und 16.30–18 Uhr)* geht auf die Mauren zurück und besitzt zwei klobige Türme (12./14. Jh.). Ganz anders präsentiert sich das benachbarte

Heiligtum, 1918 nach einem Projekt von José Sala begonnen. Herausgekommen ist ein verschnörkelter neogotischer Bau mit Marmorelementen, Bruchstein und Ziegelbogenfenstern. In das eher nüchterne Innere dringt das Licht durch rot-weißes Glas, unterhalb des Vorplatzes fällt ein kakteenübersäter Hang ab.

Informationen: C/. Mayor 6 | Novelda | Tel. 965 60 92 28 | www.novelda.es

TORREVIEJA **[121 E3]**

In diesem historischen Salzgewinnungs- und Fischereigebiet, das rund 35 km südlich liegt, zeigt die Costa Blanca noch einmal gebündelt all das, was sie attraktiv macht: Strände, einen Hafen, sommerliches Highlife und eine ausgedehnte touristische Infrastruktur. Küste und Stadtbild (95 000 Ew.) sind stark zergliedert, es gibt auch einige nichtssagende „Durchhänger"-Zonen. Dafür sind das *Meeres- und Salzmuseum (Museo del Mar y de la Sal | C/. Patricio Pérez 10 | Di–Sa 10–13.30 und 17–21, So 10–13.30 Uhr),* das im Hafen zu besichtigende U-Boot *Submarino S-61 Delfín (wechselnde Zugangszeiten)* und die Küstenfahrten auf Ausflugsbooten durchaus interessant.

Unterkunft finden Sie im ca. 5 km nördlich gelegenen Drei-Sterne-Hotel *Cabo Cervera (186 Zi. | Ctra. Torrevieja–La Mata s/n | Tel. 966 92 17 17 | Fax 966 92 18 96 | www.hotelcabocervera.com | €€),* das mit Pool und günstigen Nebensaisontarifen lockt. Zahlreiche Restaurants sorgen für das leibliche Wohl, u.a. die *Pizzeria Centro* nahe dem Hafen *(tgl. | Pl. Capdepont 1 | Tel. 965 71 17 95 | €).* Nachtschwärmer zieht es in die Zone um die *C/. Ramón y Cajal.*

Nordwestlich der Stadt liegt der 3700 ha große *Parc Natural Lagunas de La Mata y Torrevieja.* Das Naturschutzgebiet besteht aus zwei großen Salzlagunen, auf denen sich sogar Flamingos einfinden.

Touristenbüro: Pl. Capdepont s/n | Tel. 965 70 34 33 | Fax 965 71 59 36 | http://ayto.torrevieja.infoville.net | gute Infos auf Deutsch auch unter www.torrevieja.de

> SPEKTAKEL IN DER KIRCHE

Das Mysterienspiel von Elx

Alljährlich am 14. und 15. August steht in Elches Basilika Santa María ein musikalisch unterlegtes Drama auf dem Programm: das Mysterienspiel *(Misteri d'Elx),* das seit dem Spätmittelalter aufgeführt wird, aus zwei großen Teilen besteht und heute ein aufwendig inszeniertes Spektakel ist. Darin dreht sich alles um Tod, Himmelfahrt und Krönung der heiligen Jungfrau und Gottesmutter Maria. Mittels ausgeklügelter Technik schweben die Akteure zuweilen sogar durch den Kirchenraum. Für den 11., 12. und 13. August werden auch Tickets für die Generalproben in der Kirche verkauft. *Informationen zu Eintrittskarten, Plätzen, Preisen und aktuellen Anfangszeiten erhalten Sie beim Touristenbüro von Elx oder online unter www.misteridelx.com*

> STRÄNDE WIE SAND AM MEER

Zusammen mit dem Mar Menor ist die Costa Cálida, die „heiße Küste", ein heißer Urlaubstipp

> Buchten flankiert von schroffen Felsen, herrliche Sandbänder, glasklares Wasser, abgelegene Badeplätzchen – so sieht es aus an der Costa Cálida, der zur Region Murcia gehörigen „heißen Küste". Hier regnet es so gut wie nie, die Sommer bieten absolute Wärmegarantie, und die Gegenden um Águilas und Mazarrón halten Dutzende herrlicher Strände und Buchten zur Auswahl.

Im Feriengebiet von La Manga del Mar Menor verdoppelt sich die Freude, denn Strände und Bademöglichkeiten liegen nicht nur vor der Tür, sondern auch vor der Hintertür: westwärts zum Binnenmeer Mar Menor und östlich zum Mittelmeer hinaus. Die Küste von Murcia steht bei Wasserratten und Familien mit Kindern hoch im Kurs. Über den Fremdenverkehr hinaus spielt die Landwirtschaft vor allem mit Salat-, Tomaten- und Nektarinenanbau eine Rolle. Die Böden bringen auch Apri-

Bild: Kajakfahrer auf dem Mar Menor

COSTA CÁLIDA/ MAR MENOR

kosen, Weintrauben und Paprika hervor. Cartagena ist eine wichtige Hafenstadt.

Im Hinterland führt ein Abstecher in die Regionalmetropole Murcia, Dreh- und Angelpunkt der insgesamt 11 317 km² großen Autonomen Gemeinschaft gleichen Namens. Überall bestimmen die reizvollen Kontraste zwischen fruchtbaren Tälern, Meer und wüstenhaften Gegenden das Bild.

ÁGUILAS

[120 B6] **An der „heißen Küste" liegt der Brennpunkt im Städtchen Águilas (34 000 Ew.), das sich auf charmante Art sein ursprüngliches Wesen bewahrt hat.** Man trifft sich seit eh und je zum Plausch in Kneipen und auf den Promenaden, lässt sich gemächlich im Schatten des tropischen Grüns auf der *Plaza de España* (Insider Tipp) nieder, genießt den Blick über den Hafen auf die Burg. Doch dann kommt der Karneval – und der gewohnte Gang der Dinge ist vorbei! Dann bricht es aus den Einheimischen heraus, dann herrscht Ausnahmezustand, dann scheut man weder Kosten noch Mühen. Nicht weniger als hundert *peñas,* Freundeskreise, halten die Traditionen aufrecht, schneidern bereits ab Sommer prachtvolle Kostüme und sorgen bei den Paraden für regelrecht brasilianisches Flair.

Águilas blickt auf eine römische Vergangenheit zurück und ist auf der heutigen touristischen Landkarte kein weißer Fleck mehr. Über die Großgemeinde verteilen sich knapp drei Dutzend Strände und Buchten. Im Hinterland abgeschirmt durch die Bergketten der Sierra del Cantar und der Sierra de la Carrasquilla, erfreut man sich eines Jahresmittels von 25 Grad Celsius – eine Temperatur wie auf der Kanareninsel Teneriffa, betonen die Einheimischen voller Stolz.

Die Stahlkonstruktion der alten Mole von Águilas diente einst zur Erzverladung

SEHENSWERTES

CASTILLO SAN JUAN

Das die Stadt beherrschende Bauwerk wurde im 16. Jh. zum Schutz vor Piratenüberfällen errichtet und im 18. Jh. erneuert. Schöner Blick über Stadt und Bucht. *Mo–Fr 11–13 und 16–18, Sa/So 11–14 und 16 bis 18.30 Uhr, im Sommer abends länger geöffnet | oberhalb der Plaza de España*

MUSEO ARQUEOLÓGICO

Im Archäologischen Museum gibt es Amphoren und römische Schalenreste zu sehen. *Mo 17–20, Di–Fr 10.30–14, 17–20, Sa 10.30–14, 16.30 bis 19, So 10–12, 16.30–18.30 Uhr | C/. Conde de Aranda 8*

ESSEN & TRINKEN

Insider Tipp BAR DE FELIPE

Das Restaurant ist in Águilas eine Institution, die stark von Einheimischen frequentiert wird. Leckere Tapas und Portionen, darunter Sardinen und Thunfisch. Spezialität des Hauses ist der getrocknete Krake *(pulpo seco)*. *Tgl.* | *Explanada del Puerto s/n* | €

LA CALICA

Das Restaurant ist in moderner, funktionaler Ausstattung gehalten. Wer sich etwas Besonderes gönnen will, bestellt das abwechslungsreiche *menú de degustación* vor. Aufmerksamer Service. Das Restaurant ist dem Hotel *Cala Real* angeschlossen, hat aber auch einen separaten Eingang. *Mo geschl.* | *C/. Aire 99* | *Tel. 968 41 45 62* | €€–€€€

CASA DEL MAR

Hinter dem Hafen gelegenes Fischrestaurant, zu dem es zunächst durch eine Art Behördeneingang hinaufgeht. Als Vorspeise bieten sich Salate (typisch hier mit *alcaparras*, Kapern) oder *raciones* mit Oktopus *(pulpo)* oder Garnelen in Knoblauch *(gambas al ajillo)* an. Hauptgerichte sind – je nach Fangerfolg – Zackenbarsch *(mero)*, Zahnbrasse *(dentón)* oder Seebarsch *(lubina)*. Auch Reisgerichte, vorzügliche Qualität. *So-Abend und Mo geschl.* | *Explanada del Puerto s/n* | *Tel. 968 41 29 23* | €–€€

ÜBERNACHTEN

CALA REAL

Solides Hotel in zweiter Strandlinie. Auf schöne Ausblicke muss man verzichten, dafür ist das Preisniveau für ein Vier-Sterne-Haus recht angenehm (vor allem in der Nebensaison). Im Sommer ist der Pool auf dem Dach in Betrieb. *89 Zi.* | *C/. Aire 99* | *Tel. 968 41 45 62* | *Fax 968 41 09 44* | *www.hotel-calareal.com* | €€

DON JUAN

Das beste Hotel in Águilas, direkt an der Meerespromenade und strandnah gelegen, mit freiem Blick hinüber bis zum Burgberg. Mit schönem Spa, Restaurant, Außen- und Innenpool. Großzügiger Baustil, vier Sterne. *128 Zi* | *Av. del Puerto Deportivo 1* | *Playa de Poniente* | *Tel. 968 49 34 93* | *Fax 968 41 49 49* | *www.hoteldonjuan.es* | €€

MARCO POLO HIGHLIGHTS

★ Mar Menor
Weites Binnenmeer: ein Paradies für Wassersportler aller Sparten (Seite 81)

★ Kathedrale von Murcia
Wuchtige Glaubensburg im Herzen der Stadt (Seite 86)

★ Mazarrón
Die Qual der Wahl zwischen schönen Strandbuchten (Seite 80)

★ Strände von Águilas
Promenadengesäumte Strände in der Stadt, herrliche Buchten außerhalb (Seite 80)

EL PARAÍSO
Zweckmäßiges Zwei-Sterne-Haus, etwas außerhalb Richtung Cabo Cope nahe der Playa de Calabardina. Zimmerpreise inklusive Frühstück. *30 Zi. | Ctra. Cabo Cope s/n, Calabardina | Tel./Fax 968 41 94 44 | www.hotelelparaiso.net* | €

FREIZEIT & SPORT

Tauchkurse, auch Nachttauchen, in der *Escuela de Buceo Estela (Paseo de Parra 38 | Tel./Fax 968 44 81 44 | www.escueladebuceo.com)*. Fahrräder leihen können Sie bei *Mountain-Bike (C/. Barcelona 1 | Tel. 968 41 39 84)*. Für Jogger und Wanderer gibt es südwestlich des Poniente-Strands Pfade, die parallel zur Küste kilometerlang bis hin zum Buchtgebiet der *Cuatro Calas* leiten; helle Leitpfosten geben den Verlauf an.

Insider Tipp

STRÄNDE

★ Schön und sandig: die *Playa de las Delicias* in der Hauptbucht zwischen dem Hafen und den Felsformationen um den *Pico L'Aguilica*. Hier lohnt ein kurzer Aufstieg zum Aussichtspunkt. Ansonsten sind im Stadtgebiet die *Playa de Poniente* und die *Playa de la Colonia* populär; beide liegen südwestlich des Burghügels und werden von schönen Promenaden flankiert. Weiter südwestlich führt die Landstraße in Richtung der andalusischen Provinz Almería zu besonders malerischen Ecken, genannt *Cuatro Calas*, „Vier Buchten" (u.a. *Higuerica, Carolina*). Nordöstlich der Stadt gibt es diesseits und jenseits des *Cabo Cope* weitere Badestrände und -buchten zu entdecken, u.a. die *Playa de Calabardina.*

AM ABEND

Konzerte jeder Art können Sie in der *Casa de la Cultura* erleben, dem städtischen Kulturzentrum, das den Namen von Águilas' bekanntestem Sohn, dem Schauspieler Francisco Rabal (u.a. ausgezeichnet mit dem spanischen Filmpreis „Goya", der im Eingangsbereich ausgestellt ist), trägt. *C/. Isaac Peral*

AUSKUNFT

Pl. de Antonio Cortijos s/n | Tel. 968 49 32 85 | Fax 968 44 60 82 | www.aguilas.org

ZIEL IN DER UMGEBUNG

MAZARRÓN ★ [120 C5]
Nächstes Topziel an der Costa Cálida ist das knapp 60 km nordöstlich gele-

gene Mazarrón (30000 Ew.), das sich in die Küstenzone *Puerto de Mazarrón* sowie in das etwa 5 km entfernte Inlandsstädtchen splittet. Die wahre Stärke liegt auf der Küstenlinie, wo sich Strandbucht an Strandbucht reiht und ein Aussichtspunkt *(mirador)* zwischen der *Playa de la Pava* und der *Playa de la Reya* sehr schöne Blicke freigibt. Einen hohen Beliebtheitsgrad genießen die längeren Strände *Castellar* und *Bolnuevo*. Ein Stück versetzt hinter dem Strand von Bolnuevo erheben sich die *Erosiones del Bolnuevo*, bizarre Erosionsgebilde, die Wind und Wetter gemeißelt haben. Südostwärts sind Nacktbadebuchten, *calas nudistas*, ausgewiesen. Im Sommer steigen gelegentlich ▶▶ Freiluftkonzerte (u.a. an der *Playa del Rihuete*), außerdem organisiert die Stadt Aktivitäten auch für Kinder. *Oficina de Turismo* in Puerto de Mazarrón *(Pl. Toneleros 1 | Tel. 968 59 44 26 | Fax 968 15 31 21 | www.mazarron.es)*.

LA MANGA DEL MAR MENOR

[121 E4–5] Feriengebiet rund um das „Kleinere Meer", das ★ Mar Menor. Nordwärts schließen sich die Salinas de San Pedro del Pinatar an, zur Westseite hin reihen sich an den Ufern Orte wie Los Narejos und Los Alcázares auf, und dort liegt auch Murcias Flughafen San Javier. Mit seiner Fläche von 130 km^2 (das ist gut doppelt so groß wie der Starn-

Bizarre Kunstwerke der Natur: Erosiones del Bolnuevo bei Mazarrón

berger See) gilt das Mar Menor als größte Küstenlagune Europas. Ökologische Anliegen, das Binnenmeer für motorisierten Wassersport zu sperren, sind bislang ungehört verklungen.

Nicht zuletzt dank des Schnellstraßenzubringers zieht es die meisten Urlauber auf direktem Weg zu dem geografischen Kuriosum des „Ärmels“, *La Manga,* der für die eigentlichen Ferienfreuden steht. Der „Ärmel“ ist eine schmale Landzunge, die sich in einer Länge von 18,5 km zwischen das Mar Menor und das Mittelmeer schiebt. La Manga del Mar Menor (5000 Ew.), so der komplette Name des über die gesamte Ärmellänge auseinandergezogenen Ortes, ist durchgehend mit Villen und Apartmentblöcken bebaut und genießt einen exzellenten Ruf als Wassersportparadies. Draußen flitzen Kitesurfer über das Mar Menor, während sich die Taucher in die Mittelmeerfluten stürzen.

Der „Ärmel“ wird von der Hauptverkehrsstraße *Gran Vía* durchzogen, wobei die Adressen meist mit Streckenkilometern (z.B. „km 5“) oder der Nummer der jeweiligen Ausfahrt (*salida,* z.B. „salida 37“) angegeben werden; die Zählweise beginnt von Süden nach Norden am einzigen Straßenzubringer auf den „Ärmel“. La Manga del Mar Menor ist auch Start und Ziel einer lohnenden Tour durch die Region Murcia *(siehe „Ausflüge & Touren“).* Das weitläufige Feriengebiet von Mar Menor ist allerdings alles andere als ein Geheimtipp. Es gibt knapp 20000 Gästebetten, die Zahl der Besucher aus dem In- und Ausland beläuft sich auf etwa 1 Mio. pro Jahr.

SEHENSWERTES

CABO DE PALOS

Leuchtturmbesetztes Kap, das südöstlich des „Ärmel“-Beginns in die See ragt. Vom Vorplateau des Leuchtturms eröffnen sich schöne Blicke übers Meer und auf La Manga. Rund um das Sporthafenbecken findet man Restaurants, Tauchkursanbieter und ein kleines Informationszentrum (*Centro de Interpretación*; leicht zu übersehen) am *Paseo del Puerto*. In Cabo de Palos ist die Bebauung vergleichsweise gering, das Leben und Treiben ursprünglicher als auf dem „Ärmel“.

> VERSUNKENE SCHIFFE

Das Drama um die „Sirio“ und die „Standfield“

Es war ein strahlender Augusttag 1906, als sich die „Sirio“ auf der Route von Genua nach Südamerika befand und an den Islas Hormigas in eine tödliche Falle geriet. In voller Fahrt krachte der Transatlantikdampfer gegen den *Bajo de Fuera,* einen 3,5 m unter der Wasseroberläche liegenden Fels. An Bord befanden sich 765 Passagiere und 127 Besatzungsmitglieder. Der Kapitän verließ als einer der Ersten das sinkende Schiff, Panik brach aus, 440 Menschen fanden den Tod. 1917 ging ganz in der Nähe die „Standfield“ unter, ein britisches Handelsschiff, torpediert von einem deutschen U-Boot.

ESSEN & TRINKEN

DI MARE

Nette, günstige Pizzeria mit Sporthafenstimmung rundherum – ein angenehmes Plätzchen mit eigener Terrasse. *Tgl. | Puerto Deportivo Tomás Maestre | Gran Vía, km 14 | Tel. 968 14 02 00* | €

LA TANA

Fisch- und Reisgerichte geben den Geschmackston an, gerne gewählt wird das Tagesmenü. Darüber hinaus gibt es aufwendigere und somit auch teurere Menüs. Bei schönem Wetter – und das ist in der Gegend die Regel – ist die Terrasse am Hafen in Betrieb. *Tgl. | Cabo de Palos | Paseo de la Barra | Tel. 968 56 30 03 | www.la-tana.com* | €€

Taucher legen am Cabo de Palos ihre Ausrüstung an

EL PEZ ROJO

In dem Traditionsrestaurant haben Sie einen schönen Meerblick. Hier gibt es Fisch in Hülle und Fülle, dazu mundet ein guter Tropfen aus Jumilla. Gehobene Ansprüche befriedigt das sehr gute *menú de degustación* ab zwei Personen. In der kleinen Bar im Vorbereich können Sie den Aperitif nehmen. *Mo geschl. | Paseo Marítimo | Cabo de Palos | Tel. 968 56 31 09* | €€–€€€

ÜBERNACHTEN

CAMPING-CARAVANING LA MANGA

Auf dem ganzjährig geöffneten Platz, können Sie auch Bungalows für bis zu sechs Personen mieten. Die Anlage befindet sich wenige Kilometer westlich vom Einstieg in den „Ärmel". *Autovía de La Manga, salida*

15 | Tel. 968 56 30 14 | Fax 968 56 34 26 | www.caravaning.es | €

HYATT REGENCY LA MANGA

Diese Unterkunft der Extraklasse im südlichen Hinterland des Mar Menor fällt vollkommen zu Recht unter die Kategorie „World's Great Resorts". Das ausgedehnte Areal ist auch für Nichtgäste zugänglich; es gibt mehrere Restaurants und Golfplätze. Der Insider Tipp *Spa La Manga Club* ist eine luxuriöse Wellnessoase mit Sauna, Dampfbad, Hallenbad, Whirlpool – als Zugabe gibt es herrliche Blicke durch die Fensterfronten Richtung Mar Menor. *189 Zi. | 131 Apartments und Studios (in Las Lomas Village) | La Manga Club, Los Belones | Tel. 968 33 12 34 | Fax 968 33 12 35 | http://lamanga.regency.hyatt.com* | €€€

VILLAS LA MANGA

Insider Tipp

Die sorgsam gepflegte Anlage besteht aus ansprechend aufgemachten Minisuiten für Selbstversorger, die für bis zu drei Erwachsene bzw. zwei Erwachsene mit zwei Kindern geeignet sind. Eingeschlossen ist eine kleine Küche; günstig für Autofahrer ist der große Parkplatz direkt vor dem Haus. Mit Pool und schönen Liegewiesenzonen, allerdings nicht direkt am Strand gelegen. *60 Minisuiten | Gran Vía, km 3 | Tel. 968 14 52 22 | Fax 968 14 53 23 | www.villaslamanga.es* | €€

FREIZEIT & SPORT

Tauchkurse und Exkursionen für Cracks, u.a. mit abenteuerlichem Wrack- und Nachttauchen organisieren *Planeta Azul (Paseo del Puerto s/n, Cabo de Palos | Tel./Fax 968*

> BÜCHER & FILME

Schauplatz Spanien in Wort und Bild

> **Kulturschock Spanien** – MARCO-POLO-Autor Andreas Drouve bietet mit diesem Buch einen umfassenden Schlüssel zum Verständnis des Landes. Da geht es um Fiestas und Legenden, Glaube und Aberglaube, Familie und Gesellschaft, Geschichte und Gegenwart, Eta-Terrorismus und Opus Dei.

> **Costa-Blanca-Connection oder die Hundehaufenaffäre** – Kriminalkomödie von Christel Görres-Strohmeier, bei der man die literarische Messlatte nicht allzu hoch legen darf. Trotzdem durchaus unterhaltsamer Stoff um eine Diamantenjagd und skurrile Charaktere.

> **Fiestas** – Rolf Neuhaus liefert in diesem Buch Geschichten und Anekdoten, Hintergründiges und Historisches zu Festen und Fiestas in Spanien.

> **El Cid** – Spätestens, wenn Hollywoodstar Charlton Heston alias El Cid vor den Kulissen von Peñíscola entlangreitet, stellen sich die Wiederkennungseffekte ein. Der im Mittelalter angesiedelte Klassiker wurde 1961 von Anthony Mann an der Küste gedreht, in weiteren Hauptrollen Sophia Loren und Raf Vallone.

> **Die Reisen des Santiago Calatrava** – Dokumentarfilm über den valencianischen Architektenstar und seine Werke.

564532 | www.planeta-azul.com) und *Islas Hormigas (Paseo de la Barra 15 | Cabo de Palos | Tel. 968 14 55 30 | Fax 968 33 72 03 | www.islashor migas.com).*

Segeln und Windsurfen (Kurse, Materialverleih) in der *Escuela de Vela Sandrina (Gran Vía, km 5,3, Edificio Orfeo | La Manga del Mar Menor | Tel./Fax 968 14 13 27 | www.escuelasandrina.com)* und in der *Escuela de Vela Manga Surf (Gran Vía | Acceso Isla de Ciervo | Tel./Fax 968 14 53 31 | www.manga surf.com). Vela Sandrina* bietet außerdem Seekajaktrips, *Manga Surf* Kitesurfen an.

STRÄNDE

Ausgedehnte Strandzonen gibt es sowohl zum Mittelmeer (breiter und durchgehender) als auch zum Mar Menor hin. Der lange, gefahrlose Einstieg macht das maximal 7 m tiefe „Kleinere Meer" insbesondere für Familien mit kleineren Kindern attraktiv.

AM ABEND

Beliebte Treffs für die Abend- und Nachtstunden finden sich rund um den Sporthafen *Tomás Maestre (Gran Vía, km 14)* und bei *Zoco de Levante (Gran Vía, salida 37)*. Zum südlich des Mar Menor liegenden *La Manga Club* gehört das Abendlokal *Spike's* – dort gibt es häufig auch Livemusik.

AUSKUNFT

Las Amoladeras | Gran Vía, km 0 | Tel. 968 14 61 36 | Fax 968 56 49 58 | www.enmarmenor.net | www.marme nor.net

ZIELE IN DER UMGEBUNG

CARTAGENA [121 D5]

Rund 30 km südwestlich gelegene Hafenstadt (210 000 Ew.) mit über 2000-jähriger Geschichte. Obgleich vielerlei Neubauten die alte Substanz

Als Stadtgründer von Cartagena gilt der Karthager Hasdrubal

überlagert haben, hat sich das historische Pflaster mit Resten der punischen Stadtmauer (*Muralla Púnica,* mit Infozentrum und Abstieg in eine Klosterkrypta aus dem 18. Jh., *Nov. bis März Di–So 10–17.30, März–Juni Mo–Fr 10–14.30 und 16–19, sonst tgl. 10–14.30 und 16–20.30 Uhr | C/. San Diego 25*) und dem Ruinenfeld auf dem *Cerro Molinete* erhalten. Den Römerzeiten spüren Sie in der

Casa de la Fortuna, einem Wohnaus aus dem 1. Jh. v. Chr. mit Mosaiken *(Di–So 10–14, im Sommer 10–14.30 und 16–20.30 Uhr | Abgang an der Pl. del Risueño),* im *Archäologischen Museum (C/. Ramón y Cajal 45 | Di bis Fr 10–14 und 17–20, Sa/So 11 bis 14 Uhr)* und im *Teatro Romano (Mo bis Sa 10.30–13.30 und 17–19 Uhr, So nur vormittags | C/. Dr. Tapia Martínez s/n, neben der Muralla Bizantina)* nach, das einst bis zu 7000 Besuchern Platz bot. Den besten Ausblick auf Theater, Hafenanlagen und umliegende Berge bietet der Burghügel mit dem *Castillo de la Concepción (Nov.–März Di–So 10 bis 17.30, März–Juni Di–So 10 bis 14.30 und 16–19.30, sonst tgl. 10 bis 14.30 und 16–19.30 Uhr).* Im heißen Sommer schätzen die Einheimischen den Hügel als kühlsten Platz der Stadt, zu dem man bequem mit dem Panoramaaufzug hinauffährt *(ascensor panorámico),* dessen Betrieb auf die Öffnungszeiten des Kastells abgestimmt ist. An der unteren Station des Panoramaaufzugs liegt der Eingang in die museal aufbereiteten Schutzbunker aus dem Spanischen Bürgerkrieg *(Refugio-Museo de la Guerra | Nov.–März Di–So 10–17.30, März–Juni Di–So 10–14.30, 16–19.30, sonst tgl. 10–14, 16–19.30 Uhr | C/. Gisbert).* Restaurants und Cafés sowie beliebte abendliche Treffpunkte liegen an der ▶▶ Meeresfront, wo über Tag Hafenrundfahrten mit dem „Barco Turístico" *(s. „Mit Kindern reisen")* starten. *Info: Oficina Municipal de Turismo, Pl. Almirante Bastarreche s/n | Tel. 968 506483 | Fax 968 52 69 12 | www.cartagena.es*

> LOW BUDGET

- Eine günstige Übernachtungsmöglichkeit bei Águilas bietet der Campingplatz *Bella Vista (Ctra. de Vera, km 3 | Tel./Fax 968449151 | www.campingbellavista.com).* Über die üblichen Parzellen und Stellplätze hinaus werden Bungalows (für 2–7 Personen) und fest installierte Mobile Homes (für bis zu 6 Personen) vermietet.
- In Puerto de Mazarrón findet sonntags am Vormittag ein Straßenmarkt *(mercadillo)* im Bereich der *C/. Parque de Doñana* statt. Hier werden Kleidung, Schuhe und Obst günstig und in großer Auswahl angeboten.
- Kunst zum Nulltarif bietet das *Museo de Bellas Artes* in Murcia. Die Schwerpunkte dieses Museums der Schönen Künste liegen auf Gemälden aus der Renaissance- und Barockzeit. *Di–Sa 10–20.30, So 10–14 Uhr | C/. Obispo Frutos 12 | www.museosdemurcia.com/mubam/*

MURCIA **[121 D3]**

Die 75 km nordwestlich von La Manga del Mar Menor am Río Segura gelegene Regionalhauptstadt (350000 Ew.) breitet sich in einem weitläufigen Obst- und Gemüseanbaugebiet aus und blickt auf eine knapp 1200-jährige Geschichte zurück. Erste Herrscher waren die Mauren, die die Ansiedlung in einen wuchtigen Mauermantel steckten, Mursiya nannten und das Leben bis ins 13. Jh. hinein bestimmten. Dann rückten die Christen an und begannen 1394 mit dem Bau der prächtigen ★ *Kathedrale,* bis heute das

Vorzeigemonument der Stadt; der 92 m hohe Turm ist das Wahrzeichen. Stilistisch spannt sich der Bogen von Gotik bis Barock, im Innern ist die *Capilla de los Vélez* besonders verschwenderisch ausstaffiert.

Nahe der Kathedrale liegen zur Flussseite hin freundliche Grünanlagen. Einen Besuch lohnt auch das in der Ermita de Jesús untergebrachte *Museo Salzillo (Di–Sa 9.30–14 und 17–20, So 11–14 Uhr | Pl. de San Agustín 3 | www.museosalzillo.es)* mit einer umfassenden Werkschau des bekannten einheimischen Barockbildhauers Francisco Salzillo (1707–83).

Doch Murcia hat nicht nur kulturelle Attraktionen zu bieten. Die feierfreudigen Einheimischen und eine Vielzahl an Studenten sind es, die die Stadt so lebendig machen. Die Plaza Santo Domingo, die Plaza Cardenal Belluga und die Plaza de las Flores zählen zu den frequentiertesten Plätzen; dort finden Sie auch etliche Tapasbars. Häppchen und Tagesmenüs gibt es auch in der Café-Bar *Roses & Rosell (tgl. | Plaza de Camachos 16 | Tel. 968933970 | €)*. Für modernen Übernachtungskomfort steht das Vier-Sterne-Hotel *Rosa Victoria (80 Zi. | Av. del Rocío 2 | Tel. 968 272829 | Fax 968202021 | www.hotelrosavictoria.com | €€)*, das im Regelfall an den Wochenenden günstigere Tarife anbietet.

Auskunft: *Pl. Cardenal Belluga s/n | Tel. 968358749 | Fax 968 358748 | www.murciaciudad.com*

Mit dem Bau der prächtigen Kathedrale von Murcia wurde Ende des 14. Jhs. begonnen

> IM BANN VON BERGEN UND KÜSTEN

Bunter Ausflugsmix: durch Naturparks und zu alten Kulturen

Die Touren sind auf dem hinteren Umschlag und im Reiseatlas grün markiert

1 WANDERN IM NATURPARK SERRA D'IRTA

Der südlich von Peñíscola gelegene Naturpark Serra d'Irta (auch: Sierra de Hirta) bietet Wanderern hohe Erlebniswerte. Am besten, Sie besorgen sich vorab in der Touristeninformation eine Übersichtskarte, die je nach Vorrat auf Deutsch erhältlich ist. Auf eine kurze Anfahrt zum Ausgangspunkt folgt eine rund 17 km lange Wegstrecke (4–5 Std.) zwischen Küstenlinie und Bergen. Nicht vergessen: Wasser, Proviant, Sonnenschutz, gutes Schuhwerk und Badesachen! Man sollte sich einen vollen Tag Zeit nehmen und früh beginnen.

Folgen Sie im Ortszentrum von **Peñíscola** *(S. 36)* der südlichen Ausfahrt und den braunen Schildern zum Naturpark. Nach etwa 3,5 km stellen Sie den Wagen an einem Linksabzweig auf einer steinigen Freifläche ab. An diesem Abzweig weisen recht

Bild: Plaza España in Lorca

AUSFLÜGE & TOUREN

unscheinbare Schilder zur **Torre Abadum** (auch *Abadun* oder *Badun,* 2 km) und zur **Playa Pebret** (4,1 km); auch ein Wanderzeichen, „PNV-194", ist da. Auf ein Stück Asphalt folgt eine Piste, die mitunter von Fahrzeugen genutzt wird. Diese breite Schottertrasse zieht sich aufwärts, erhebt sich über imposante Klippenlandschaften und führt am maurischen Wachturm **Abadum** (10. Jh.) vorbei. Hier hielt man einst nach Piraten Ausschau. Hinter dem Rundturm folgt ein geteertes Stück abwärts, bis es durch einen Kiefernhain hindurch und wenige Hundert Meter vor der Playa Pebret rechts hinauf auf einen Pfad geht. Ein Schild weist zum Zwischenziel **Mas del Senyor**, einem 3,5 km entfernten Rastplatz. Unweigerlich löst man sich nun von der Küste und hat das anstrengendste Stück des gesamten Tages vor sich. Der Pfad ist schmal, steil und steinig und zieht sich kontinuierlich aufwärts. Zurück fällt der Blick aufs Meer, voraus kommen die weiteren Höhenstufen der Sierra hinter einem kleinen Grat zum Vorschein. Mal führt der Pfad an Hausruinen vorbei, mal geht es über ein Geröllfeld. Ein Strommast verheißt ein Stückchen Zivilisation, nahe einem hellen Landhaus knickt der Pfad deutlich gekennzeichnet nach links ab und geht in einen breiten Weg über. An dieser Kreuzung fehlen noch 1,5 km bis **Mas del Senyor** und 2,7 km bis zum **Pou del Moro**. Der Weg ist von Fahrstraßenbreite und wird von den Anwohnern der weit verstreuten Anwesen genutzt. Ansonsten zeigt sich die Landschaft weitgehend unberührt. Aus der Ferne dringt Hundegebell ans Ohr, es riecht nach Kiefern und Kräutern. Im Naturpark sind echter Lavendel und Schopflavendel verbreitet, außerdem Thymian, Rosmarin und Salbei. Am Insider Tipp Rastplatz *Mas del Senyor* hat man sich im Schatten der Bäume eine Pause an den Picknicktischen verdient, daneben gluckst ein künstlich eingefasster Bachlauf.

1,2 km sind es nun bis zum **Pou del Moro**, dem „Maurenbrunnen", der etwas abseits des Weges liegt, aber einzusehen ist. Fortan zieht sich der breite Erdweg auf und ab durch Kiefernbestände und führt in einer weiten Schleife 4 km hinab an die Küste. Obwohl man häufig auf gelbweiße Wanderzeichen stößt (mitunter auch mannshohe Holzpfähle, die oben rot markiert sind), ist einmal zwischendurch der Verlauf an einer Dreier-Gabelung auf den ersten Blick nicht eindeutig zu erkennen; dort wählt man die linke Möglichkeit. Allmählich läuft der Weg Richtung Meer aus und erreicht die küstennahe Piste. Ab dieser Kreuzung sind es wenige Hundert Meter nach links zu den Stränden **Pebret** und **Russo**, an denen man sich eine Abkühlung redlich verdient hat. Den Anhaltspunkt gibt ein verlassenes weißes Haus. Erfrischt und gestärkt treten Sie nach dem Strandstopp ab der Playa Pebret die restlichen 4,1 km bis zum Ausgangspunkt an, vorbei an der **Torre Abadum** und mit ungetrübt schönem Blick bis zum Altstadtberg von **Peñíscola**.

2 ENTDECKUNGSTOUR DURCH MURCIA

Das Feriengebiet um das Mar Menor ist Ausgangspunkt für eine Rundtour von 300 km Länge; je nach Lust und Laune planen Sie 2–3 Tage ein. Leitmotivisch geben die Kontraste der Region Murcia den Weg vor: Berge und Meer, die Strandziele Mazarrón und Águilas, die Städte Cartagena und Murcia. Übernachtungen können Sie in Mazarrón und Águilas.

Ausgangs- und Endpunkt ist **La Manga del Mar Menor** *(S. 81)*, wo sich die Schnellstraße nach Cartagena löst; das Küstengebirge verhindert eine durchgehende Strecke. Nach 30 km erreichen Sie **Cartagena** *(S. 85)*, das sich aufgrund seiner bewegten Vergangenheit *Puerto de Culturas*, „Hafen der Kulturen", nennt. Dank der strategischen Lage – mit geschütztem Hafen und Berghöckern voller Wehranlagen rundherum – ist es niemandem je gelungen, Cartagena von der Seeseite her zu erobern. Gegründet wurde die Stadt 227 v. Chr. vom karthagischen General Hasdrubal, dem Bruder Hannibals. Die kurz darauf folgende Niederlage der Karthager gegen die Römer lebt alljährlich in der zweiten Septemberhälfte mit den *Fiestas de Cartaginenses y Romanos* wieder auf – ein echtes Kostümfest! In Cartagena soll außerdem der heilige Apostel Jakobus angelandet sein, um Spanien zu missionieren. 1931 verließ König Alfons XIII. hier das Land und ging ins Exil. Nach einem Besuch der historischen Punkte wie der *Muralla Púnica* und dem Burgberg *Concepción* steht ein Bummel durch die Fußgängerzone *C/. Mayor* an; Tapas, Paellas und Tagesmenüs gibt es im Restaurante *Columbus (C/. Mayor 18 | Tel. 968 501068 | im Winter So geschl. | €–€€)*. Für eine ausgiebigere Einkehr bietet sich das Insider Tipp Restaurant *Principal (C/. Príncipe de Vergara 2 | Tel. 968123031 | So geschl. | €–€€)* an, das eine gute Auswahl an Reis- und Fischgerichten auftischt. Ziel eines Spaziergangs ist die nett aufgemachte Meerespromenade, wo Hafenrundfahrten *(siehe „Mit Kindern reisen")* starten und weitere Cafés liegen. Umgeben von Wasserspielen ist dort in einem Bassin ein Unterseeboot zu sehen, das an seinen aus Cartagena stammenden Erfinder Isaac Peral erinnert.

Fischer im Hafen von Cabo de Palos am Mar Menor

Westlich von Cartagena zieht sich die Landstraße durch abgeschiedenes gebirgiges Hinterland, steigt auf dem Pass **La Cuesta** auf 352 m an und fällt nach Mazarrón hin zum Meer ab. Die Küste des einstigen Minengebietes von **Mazarrón** *(S. 80)* ist ihrer schönen Strände und Badebuchten wegen bekannt, außerdem gibt es Tauchreviere und die interessanten Felsformationen *Erosiones del Bolnuevo*. Solide Unterkunft im Hotel *La Cumbre (120 Zi. | Urbanización La Cumbre | Tel. 968 59 48 61 | Fax 968 59 44 50 | www.hotellacumbre.com | €€)*.

Zwischen Küsten- und Inlandskordillere führt die ausgesprochen kurvige Fahrt knapp 60 km weiter ins Hafen- und Burgstädtchen **Águilas** *(S. 77)*, wo Sie weitere exzellente Strände und Buchten erwarten. Nett ist das lokale Motto: *abierto por vacaciones todo el año*, „ganzjährig für Ferien geöffnet". In Águilas bieten sich zwei längere Promenadenspaziergänge an: ostwärts zum Aussichtspunkt *Pico L'Aguilica* oder westlich bis zur *Playa de Poniente*.

Nördlich von Águilas geht es durch kahles Gebirgshinterland knapp 40 km weiter nach **Lorca** (80 000 Ew.), das sein monumentales Erbe in Form des mittelalterlichen Kastells und einiger Kirchen wie San Patricio bewahrt; die festlich begangene Karwoche ist von nationaler Bedeutung. Nordöstlich von Lorca zieht sich die N-340/A-7 durch fruchtbare Obst- und Gemüseanbaugebiete, aber ebenso auch an wüstenartigen Bergen vorbei ins 70 km entfernte **Murcia** *(S. 86)*. Unterwegs gibt es nichts Nennenswertes zu sehen, daher die möglichst rasche Überbrückung bis Murcia. Autofahrer stellen ihr Gefährt am besten im Barrio del Carmen ab und gehen über die Alte Brücke, *Puente Viejo*, in die Altstadt. Dreh- und Angelpunkt im einstmals maurischen Mursiya (350 000 Ew.) ist die im 14. Jh. begonnene Kathedrale, die an manchen Stellen mit überbordendem Barock erschlägt. Auf dem Kathedralvorplatz finden Sie Terrassencafés und das *Touristenbüro (Pl. Cardenal Belluga s/n | Tel. 968 35 87 49 | Fax 968 35 87 48 | www.murciaciudad.com)*. Der weitläufige Fußgängerbereich spannt sich bis zur Plaza Santo Domingo, oft

Ein römischer Triumphwagen fährt an Karfreitag durch Lorca

Insider Tipp

herrscht reges Studentenleben. Während der Karwoche ist Murcia Schauplatz von interessanten Prozessionen. Ab Murcia sind es ca. 75 km zurück nach **La Manga del Mar Menor**.

3 DURCH DEN NATURPARK SERRA D'ESPADÀ

Im südlichen Hinterland der Costa del Azahar führt eine schöne Bergroute durch den Naturpark Serra d'Espadà. Tor zum Park ist Vall d'Uixó, wo Sie zu Beginn die Sankt-Josephs-Grotten besuchen können. In einer Schleife führt die Route dann über Chóvar, Eslida und Tales durch grüne Gebirgsgegenden. In Onda ist die attraktive Strecke zu Ende. Je nach An- und Abfahrt sowie Höhlenbesuch und Mittagessen ist ein halber oder ganzer Tag zu veranschlagen; die Kernstrecke Vall d'Uixó–Onda ist ca. 35 km lang.

Der Auftakt führt am Ortsrand von **Vall d'Uixó** ins Höhlendunkel: in die wasserdurchfluteten *Coves de Sant Josep/Grutas de San José (s. „Mit Kindern reisen“).* Die Besucher werden mit Kähnen gestakt und gehen auch ein kurzes Stück zu Fuß. Ausgeleuchtete Tropfsteine und Felsvorhänge ziehen Jung und Alt in ihren Bann. Nach dieser „Reise zum Mittelpunkt der Erde“ (so der Höhlenslogan) wendet man sich auf dem Vorplatz des Grotteneingangs den leiblichen Genüssen zu. Im Restaurant *La Gruta (Mo geschl. | Paraje San José | Tel. 964 660008 | €€)* sitzt man bei einem ansprechenden Tagesmenü angenehm unter Höhlengewölben, die Weinauswahl ist gut.

Hinter Vall d'Uixó steigt das kurvige Sträßchen CV-230 in den ausgeschilderten **Parc Natural Serra d'Espadà** an. Das 31 000 ha große Naturschutzgebiet setzt markante Kontraste zur Küste und wirft sich mit dem **Pico de la Rápita** bis zu 1106 m hoch auf. Zu Beginn der Tour ziehen Oliven und Orangenplantagen vorbei, Felsgebilde wirken aus der Ferne wie Haifischflossen. Hinter Alfondeguilla wartet die Auffahrt auf den 400-m-Pass **Marianet**. Auf eine längere Abfahrt folgt der Rechtsabzweig auf der CV-219 Richtung *Chóvar* und *Eslida.* Die Gegend ist dünn besiedelt, Bergsilhouetten lappen übereinander. Das Häuserensemble von **Chóvar** hebt sich gegen den Bergkegel ab. Hinter Chóvar folgt eine steilere Auffahrt. Das Grün gibt weiter den Ton an, dazwischen glänzen das Gelb der Ginstersträucher und das Rostrot von gerindeten Korkeichenstämmen. Auf dem 620 m hohen **Port d'Eslida** zieht es merklich kühler ins Auto, an trüben Tagen umspielen Wolken die Berge. Nutzen Sie den Parkplatz auf der Passhöhe zu einer Pause, um die unverbrauchte Luft zu genießen.

Kiefern, bemooste Felsen und Haarnadelkurven sind Wegbegleiter bis in den Talort **Eslida**, der sich über mehrere Etagen erstreckt. Rundum sieht man zu Bergen auf. Zwischen Eslida und Aín blättern sich weitere Grünfacetten auf, ab **Aín** (Wegweiser Richtung Almedíjar) geht's weiter über **L'Alcúdia de Veo**. Zu Kiefern gesellen sich auf dem letzten Berg- und Talstück Ölbäume und Eukalyptus. Hinter Tales verliert das Gebirge an Kraft, die Szenerie an Attraktivität. Der ausgreifende Kastellort **Onda** liegt schon außerhalb der Naturparkgrenze; über Onda erreichen Sie ostwärts die Küstenautobahn und die N-340.

EIN TAG AN DER COSTA BLANCA

Action pur und einmalige Erlebnisse.
Gehen Sie auf Tour mit unserem Szene-Scout

ROMANTISCHER MORGEN

8:00

Raus aus den Federn! Das Schauspiel, wenn die blutrote Sonne langsam am Horizont erscheint, sich über den Hafen von Cartagena schiebt und das Meer in den verschiedensten Rottönen zu glitzern beginnt, sollte man nicht verpassen! Den besten Blick genießt man von der Kaimauer. Das Frühstück holt man sich anschließend in der *Panaderia-Confiteria S. Cristobal.* **WO?** *Ribera de San Javier 26*

10:30

ARCHEO-BIKING

In den Tourismusbüros in Cartagena gibt's Räder gratis. Bike schnappen und Richtung Süden die Stadtmauer des Muralla del Mar entlang zur Plaza del Ayuntamiento und die Historie der Stadt aufsaugen. Praktisch: Das Rad kann im Büro in Alfonso XII abgegeben werden. **WO?** *Puertas de San José, Plaza Bastarreche, Muralla Carlos III | Paseo Alfonso XII*

KLEINE PORTION

12:00

Hunger? Dann nichts wie rein ins *Entre Tapas y Vinos.* Trotz der römischen Tradition schwört man in Cartagena auf die typisch spanische Küche. Und das ist auch gut so, denn die Tapas sind verführerische Leckereien, die man sich nicht entgehen lassen sollte. Praktisch, dass man durch die kleinen Portionen die verschiedensten Geschmacksrichtungen probieren kann. Wie wär's zum Beispiel mit Thunfisch-Ventresca oder knusprigen Gemüseröllchen mit spanischem Käsedipp? **WO?** *Plaza Doctor Garcia Marcos 7 | Tel. 968502256 | www.entretapasyvinos.com*

14:00

ACTION AUF DEM WASSER

Ski anschnallen und los geht's! Beim Wasserskifahren kann man sich so richtig austoben! Anständig in die Kurven legen und mutig eine Welle nach der anderen bezwingen. Spaß und Action garantiert! **WO?** *Club de Ski Acuático, Maleni Jet, Urb. Castillos de Mar s/n, La Manga del Mar Menor | www.malenijet.com*

24 h

PROBEZEIT

17:00

Die Aromen der Region kennt niemand besser als die Weinbauern. Im Weinseminar lernt man alles über Rebsorten, Anbaugebiete und Verarbeitung. Selbstverständlich bleibt es nicht nur bei trockener Theorie, bei der Weinprobe überzeugt man sich anschließend auch vom Geschmack. **WO?** *Bodega Señor de Barahonda, Centro Pinoso Yecla, Murcia | Anmeldung unter Tel. 968718698 | www.barahonda.com*

20:00

DER RICHTIGE DREH

Salsa und Flamenco – diese Namen stehen für Rhythmus und Leidenschaft. Also auf die Tanzfläche und sich vom Tanzlehrer des *Centro de Danza Concha Garcia* die Schritte beibringen lassen! Schon nach kurzer Zeit wird der Beat ins Blut übergehen und das Feuer geweckt sein. **WO?** *C/ Juan García Abellán 6, La Flota, Murcia | Kosten: 8 Euro | http://danzaconchagarcia.es*

DINNER

21:30

Lust auf Raffinesse? Zwischen Kathedrale und der Plaza Cardenal Belluga in Murcia gibt's moderne iberische Küche. Nach Vorspeise und Hauptgang – die Fischgerichte sind ein Traum – unbedingt *Leche Frito* bestellen. Der Pudding wird am Tisch zubereitet und zergeht auf der Zunge. **WO?** *NH Hotel Rincón de Pepe | Apóstetoles 34 | Tel. 968212239*

23:00

PARTY ON

Der Salsakurs hat Lust auf mehr gemacht? Perfekt, denn auf dem Dancefloor des *Rincón Latino* geht es zu Latinorhythmen heiß her. Hier wird bis morgens um 5 Uhr getanzt. Feel the rhythm! **WO?** *C/Acisclo Díaz 13, Murcia*

> LUFTIGE ANSICHTEN UND IDEALE ABSCHLÄGE

Mit Golfen, Ballonflügen, Wandern und Wassersport sind den Aktivitäten keine Grenzen gesetzt

> Ob Sie Tauchgänge zu Wracks wagen, sich für Segelkurse entscheiden oder mit dem Kajak über das Mar Menor fahren wollen – an den spanischen Mittelmeerküsten schlagen Sportlerherzen höher. Außerdem ist die Costa Blanca ein beliebtes Reiseziel für Freunde des Golfsports geworden.

BALLONFLÜGE

Südlich von Elx liegt das Fluggebiet von *Aeroglobo (Tel. 966 63 74 01 | www.aeroglobo.com);* die Ballonflüge starten vormittags und gehen bis auf 500 m Höhe, bei der Reservierung wird der Treffpunkt bekannt gegeben. Im Inland ist Bocairent nordwestlich von Alcoi der Stützpunkt von *Tot Globo (Els Clots s/n | Tel. 629611889 | www.totglobo.com).*

FALLSCHIRMSPRINGEN

Tandemsprünge aus 4000 m Höhe und mehrtägige Schnellkurse bietet

Bild: Golfplatz Los Belones

SPORT & AKTIVITÄTEN

das *Centro de Paracaidismo Skytime* an der Costa del Azahar bei Castelló de la Plana an *(Aeródromo El Pinar, Camino de la Plana s/n | Tel. 605 920380 | Fax 964288595 | www.skytime.info)*.

GOLF

18-Loch-Kurse mit Par 72 finden Sie u.a. bei Alacant im *Club de Golf Alenda* mit angeschlossener Golfschule *(Autovía Alacant–Madrid, km 15 | Monforte del Cid | Tel. 965 620521 | www.alendagolf.com)*, im *Club de Golf Alicante (Av. Locutor Vicente Hipólito 37 | Playa de San Juan | Tel. 965152043 | www.alicantegolf.com)* und im Hinterland südwestlich von Torrevieja im *Club de Golf Las Ramblas (Ctra. Alacant–Cartagena, km 48 | Urbanización Las Ramblas | Tel. 966774728 | www.golframblas.com)*. Im Stadtgebiet von Benidorm liegt die Neun-Loch-

Anlage *Las Rejas Benidorm (Av. Vicente Pérez Devesa s/n | Tel. 966 889775 | www.lasrejasgolf.com).* Eine gute Übersicht über Anlagen und Einrichtungen finden Sie unter *www.golfcostablanca.org*.

Eine der landesweit schönsten Anlagen liegt südlich vom Mar Menor: Insider Tipp der *La Manga Club (Lomas Village | Los Belones | Tel. 968331234 | http://lamanga.regency.hyatt.com)* mit dem *South Course* (6499 m), dem *West Course* (5971 m) und dem *North Course* (5753 m). Exzellente Lehrkräfte unterrichten in der Golfakademie und nehmen detaillierte Videoanalysen vom Abschlag vor.

KAJAK

An den Ufern des Mar Menor hat die *Escuela de Vela Sandrina (Gran Vía, km 5,3 | Edificio Orfeo | La Manga del Mar Menor | Tel./Fax 968141327 | www.escuelasandrina.com)* ihren Stützpunkt. Die Segelschule organisiert Kajaktouren über das Binnenmeer. Eine bewährte Adresse ist auch die Kajakschule *Escuela de Piragüismo Mar Menor (Explanada Barnuevo s/n | Santiago de la Ribera | Tel./Fax 968573653).* Kajakverleih und organisierte Ausflüge bietet auch das bei Calp gelegene *Centro de Deportes Náuticos Las Antípodas (Ctra. Calp–Moraira, km 2 | Tel. 965 838310 | www.lasantipodas.com)* an.

KARTING

Über die Küste verteilen sich mehrere Kartingbahnen. Dazu zählen *Benikarts* bei Benicàssim *(Ctra. Nacional 340, km 987 | Tel. 964 30 36 03 | www.benikarts-racing.com), Karting La Cala* zwischen Benidorm und La Vila Joiosa *(Ctra. Nacional 340, km 143 | Tel. 965894676)* und die 1200 m lange Strecke des bei Benidorm gelegenen *Karting Club Finestrat (Anfahrt Richtung Terra Mítica Oeste | Tel. 965972227).* Auf dem bei La Manga del Mar Menor gelegenen Kurs *La Manga Go-Kart (Ctra. La* Insider Tipp

Wie Schumi in die Kurve gehen: Mehrere Kartbahnen stehen zur Auswahl

Manga, km 19,2 | Tel. 968 56 36 43 | www.lamangagokart.com) können Sie unter acht Karttypen wählen.

SEGELN

Gelegentlich bieten Segel- und Bootsclubs *(clubs náuticos)* Segelkurse an, mitunter auch für Kinder ab 8 Jahre. Angebote z. B. im *Real Club Náutico de Calpe (Av. Puerto Pesquero s/n, Calpe | Tel. 965 83 18 09 | Fax 965 83 49 31 | www.rcnc.es)*, im *Club Náutico de Santa Pola (Muelle Poniente | Santa Pola | Tel. 965 41 24 03 | www.cnauticosantapola.com)* und im *Real Club Náutico de Torrevieja (Paseo Vistalegre s/n | Torrevieja | Tel. 965 71 01 12 | www.rcnt.com)*. Zwischen Calp und Moraira liegt die Segelschule des *Centro de Deportes Náuticos Las Antípodas (Ctra. Calp–Moraira, km 2 | Tel. 965 83 83 10 | www.lasantipodas.com)*. Deutschkenntnisse darf man nicht erwarten.

SURFEN

An der Costa Blanca finden Surfer Spots u. a. nordwestlich von Dénia. Das dortige Gebiet *La Chimenea-Les Deveses* ist für seine kräftigen Winde (Stärken 3,5–7) bekannt. Es gibt die Windsurfschule *Nova Dénia (Playa Nova Dénia | Ctra. Las Marinas, km 6 | Handy 619 53 33 95 | info@surf-denia.tk)* und den *Windcenter Dénia (Camí del Bassot | Playa Les Deveses | Tel. 965 75 53 07 | www.windcenterdenia.com)*. In El Campello, nordöstlich von Alacant, bietet der *Campello Surf Club (www.campellosurfclub.com | Kontakt nur über Homepage)* im Sommer Anfängerkurse an. Eine verlässliche Infoquelle für Surfer und andere Wassersportler ist der Verbund der Nautikstationen (*Asociación Española de Estaciones Naúticas | www.estacionesnauticas.info*).

TAUCHEN

Tauchen Sie doch mal ab ins kristallklare Wasser mit seiner oft überraschend intakten Pflanzen- und Tierwelt, in der selbst Rochen, Muränen und Mondfische vorkommen. Es gibt zahlreiche Anbieter von Tauchgängen und Kursen aller Klassen, an der Costa Blanca u. a. das *Centro de Buceo Greenwich* bei Altea *(Puerto Deportivo Luis Campomanes | Edificio Comodoro | Tel. 966 88 14 57 | www.greenwichdiving.com)* und das *Centro de Buceo Les Basetes* nahe Calp *(Puerto Les Basetes | Ctra. Calp–Moraira, km 2 | Tel./Fax 965 83 54 28 | www.lbdivecentre.com)*. Im Feriengebiet Mar Menor offeriert das Tauchzentrum *Planeta Azul (Paseo del Puerto s/n | Cabo de Palos | Tel./Fax 968 56 45 32 | www.planeta-azul.com)* diverse Kurse; für erfahrene Taucher geht's zum aufregenden Wracktauchen um die Islas Hormigas, wo einige Schiffe gesunken sind, deren überwucherte Überreste hier zu bewundern sind. Insider Tipp

WANDERN

Das Wandern als Freizeitbeschäftigung ist in Spanien mittlerweile auf dem Vormarsch. Beliebt sind vor allem die Naturparks wie die *Serra d'Irta,* wo man ausgewiesene Wege findet. Bei Benidorm lädt die *Sierra Helada* zu ausgiebigen Streifzügen ein, in Calp lässt sich der *Penyal d'Ifac* erklimmen, hinter Dénia warten die Wege im Naturpark *El Montgó* auf ihre Entdecker.

> PAPAGEIEN, ELEFANTEN UND TROPFSTEINE

Langeweile Fehlanzeige – Höhlen, Tier- und Vergnügungsparks warten auf ihre Entdecker

> Trotz gravierenden Geburtenrückgangs haben Spanier ein Herz für Kinder behalten. Über Kindergeschrei selbst zu später Stunde regt sich niemand auf, der Nachwuchs darf (fast) alles.

Stadtväter und -mütter haben vielerorts für die Anlage guter Kinderspielplätze gesorgt. Rundfahrten im Touristenzug *(tren turístico)* gehören in manchen Ferienzentren zum Standard. Im Sommer stehen Wasserparks hoch im Kurs.

Bild: Kinder in Tracht bei den Fallas in València

COSTA DEL AZAHAR

COVES DE SANT JOSEP/ GRUTAS DE SAN JOSÉ ★ [117 D5]

Rein in die Boote, die Köpfe einziehen und die bizarren Tropfsteinformationen bestaunen – auf einem unterirdischen Flüsschen geht es mitten hinein in die faszinierende Welt der Sankt-Josephs-Grotten. Höhlenschiffer staken ihre Besucherfracht durch schmale Passagen und hohe Hallen wie die „Kathedrale“ und den „Fle-

MIT KINDERN REISEN

dermaussaal". Die wichtigsten Winkel und bizarren Gebilde sind punktgenau ausgeleuchtet, unterwegs geht man auch ein paar Schritte zu Fuß. Jede Tour dauert etwa 40–45 Minuten. *Tgl. 11–13.15 und 15.30–17.45, Juni/Juli, Sept. bis 18.30, Aug. bis 19.15 Uhr | Eintritt 8,50, Kinder (4 bis 13 Jahre) 4 Euro | am Ortsrand von Vall d'Uixó, ausgeschilderte Zufahrt und großer Parkplatz | www.riosubterraneo.com*

JARDÍN DEL PAPAGAYO [117 F2] Insider Tipp

Wildes Gekreisch weist den Weg in den „Papageiengarten", in dem rund 500 bunt gefiederte Tiere vertreten sind. Über das mit reichlich Grün aufgelockerte Areal verteilen sich betretbare Volieren, in denen ständig mit „Tieffliegern" zu rechnen ist. Wer am Eingang ein Futtertütchen kauft, kann sich die Kerne aus der Hand fressen lassen. Hautnah erlebt man am Ende Känguruhs auf ihrer

Känguruhwiese. Als Zugabe gibt es Flugshows der Papageien. *Tgl. 11 Uhr bis Sonnenuntergang. Eintritt 11, Kinder (3–12 J.) 8 Euro | Camino del Término Peñíscola–Benicarló (ab Peñíscola beschildert) | www.jardindelpapagayo.com*

VALÈNCIA

AQUOPOLIS CULLERA [119 D2]

Der abwechslungsreiche Wasserpark von Cullera hält u.a. die „Niagara-Fälle" für die Kleinsten und „Black Hole" und „Kamikaze" für die Mutigsten bereit. *Mitte Juni–Anfang Sept., Juli/Aug. tgl. 11–19, sonst tgl. 11–18 Uhr | Eintritt 19,50, Kinder (4–10 J.) 15,50 Euro | Ctra. Nazaret–Oliva, Cullera | www.aquopolis.es*

JARDINES DEL TURIA [119 D1]

València mit Kindern beschränkt sich nicht auf den Besuch des *Oceanogràfic* und des interaktiven *Wissenschaftsmuseums (S. 44)*. Beliebt sind die Parkanlagen *Jardines del Turia,* die auf einer Länge von 7,5 km aus dem vormaligen Flussbett des Riu Turia erwachsen sind und zu denen der *Parque de Cabecera* und der *Parque Gulliver* gehören. Im *Parque de Cabecera* kann man Boote mieten, zwischen Musikpalast und „Stadt der Künste und der Wissenschaften" liegt der *Parque Gulliver:* Hier liegt der legendäre Riese als Megaskulptur auf dem Boden. Rundherum Rutschen und anderes Spielgerät. Gut ist der freie Eintritt; bei schlechtem Wetter kann die Anlage allerdings geschlossen werden *Tgl. 10–20 Uhr*

Insider Tipp

COSTA BLANCA

AQUOPOLIS TORREVIEJA [121 E3]

Hier herrscht Gleitzeit für alle – im Wasserpark geht's z.B. auf den rasanten „Kamikazerutschen" hinein ins kühle Nass. Auf den „weichen Rutschen" *(pistas blandas)* geht's ruhiger hinunter. *Anfang Juni–Mitte Sept. tgl. 11–19, Sept. nur bis 18 Uhr | Eintritt 20,95, Kinder (4–10 J.)*

Sonntagsausflug: Kindervergnügen im Stadtpark von Elx

15,95 Euro | Finca de la Hoya Grande | Torrevieja | www.aquopolis.es

Insider Tipp **EL ARCA DE NOÉ** [119 E4]

Das Tierheim der besonderen Art, das von Serafín Doménech mit viel Begeisterung begründet wurde, liegt in den Bergen bei Guadalest. Ob Raubkatzen, Stachelschweine oder Riesenschlangen: Hier haben ausgesetzte, vernachlässigte oder verletzte Tiere u.a. aus Show- und Zirkusunternehmen Aufnahme gefunden. Meist sind es 250–300 Tiere, wobei immer wieder Fluktuation herrscht – für manche geht es hin und wieder in ein neues Zuhause. *Tgl. 10–19.30 Uhr, im Sommer mitunter länger | Eintrittsspende 5, Kinder (3–12 J.) 3 Euro | Valle de Guadalest | www.arca1.com*

MUNDOMAR [119 E5]

Tierpark mit Lemuren, Pinguinen und Flamingos. Hauptattraktion sind die Vorführungen mit Seelöwen, Delphinen und Papageien; aktuelle Showzeiten können Sie der Homepage entnehmen. *Mitte Feb.–Mitte Dez. tgl. 10–18, je nach Jahreszeit bis 19/20, im Hochsommer bis 21 Uhr | Eintritt 22, Kinder (3–12 J.) 16 Euro | Sierra Helada s/n | Rincón de Loix, Benidorm | www.mundomar.es*

RÍO SAFARI ELCHE [121 E–F2]

Safaripark mit exotischen Tieren von Lemuren bis Giraffen im Schatten von Tausenden von Palmen. Rundfahrten im Safaribähnchen, Krokodilfarm, Aquarium und Reptilarium zählen zu den Attraktionen. Meist zweimal täglich gibt es Shows mit Papageien, Elefanten und Seelöwen. Im Sommer ist das in den Komplex integrierte Schwimmbad geöffnet. *Im Sommer tgl. 10.30–20, sonst 10.30 bis 18 Uhr | Eintritt 20, Kinder (3–12 J.) 15 Euro | Ctra. Santa Pola–Elx, km 4 | www.riosafari.com*

TERRA NATURA [119 E5]

Hier können Kinder Tuchfühlung mit über 1500 Tieren aufnehmen, u.a. mit Elefanten, Nashörnern und Raubkatzen. Das Areal ist in die Themenbereiche „Amerika“, „Asien“, Europa“ und „Pangea-Vulkan“ gegliedert und wirbt zu Recht mit seinem Slogan „viel mehr als nur ein Zoo“. Außerdem Musik und Tänze und ein Wasserpark *(Mitte Mai–Ende Sept.). Ganzjährig tgl. ab 10, Juli/Aug. bis 21, im Frühjahr und Herbst bis 19/20, im Winter bis 17/18 Uhr | Eintritt 23, Kinder (4–12 J.) 18 Euro, Zusatzeintritt Wasserpark „Aqua Natura“ 11 Euro, Kombiticket Terra Natura und Aqua Natura 29 bzw. 23 Euro für Kinder | Foia del Verdader 1 | Benidorm | www.terranatura.com*

COSTA CÁLIDA/ MAR MENOR

HAFENRUNDFAHRT IN CARTAGENA ★ [121 D5]

Riesige Pötte, Yachten, Containerlager, das Arsenal und der Blick hinauf in die Berge über der Bucht – bei den Touren im *barco turístico* erlebt man die Hafenstadt von der Seeseite her. Die Trips dauern 25–40 Min., je nachdem, ob das Wetter eine zusätzliche Schleife Richtung Buchteinlauf erlaubt. *Tgl. mehrere Fahrten, wechselnde Zeiten, im Winter Mo Ruhetag | Cartagena, Start an der zentralen Meerespromenade | Tickets 5,50, Kinder (3–12 J.) 4,50 Euro*

> VON ANREISE BIS ZOLL

Urlaub von Anfang bis Ende: die wichtigsten Adressen und Informationen für Ihre Reise an die Costa Blanca

ANREISE

AUTO

Die klassische Hauptroute führt über Lyon ans Mittelmeer und weiter über Perpignan und Barcelona parallel zur Küste in Richtung Süden. In Frankreich schlagen Autobahngebühren zu Buche, in Spanien unterscheidet man zwischen den gebührenpflichtigen *autopistas* (Autobahnen) und den kostenlosen *autovías* (Schnellstraßen).

BAHN

Bahnverbindungen ans spanische Mittelmeer gibt es u.a. über/ab Basel–Mulhouse–Avignon–Montpellier oder über den Knotenpunkt Paris. Für die Strecke Hamburg–València benötigt man gut 25 Stunden, inklusive mehrmaligen Umsteigens. Infos unter *http://reiseauskunft.bahn.de*

BUS

Gutes Sitzfleisch und viel Geduld braucht man bei der langwierigen Busanreise; so dauert z.B. die Fahrt von Frankfurt/M. nach Alacant gut 30 Stunden. Regelmäßige Verbindungen unterhält die *Deutsche Touring (Tel. 069/790 35 01 | www.touring.de)*. Die Schweiz wird von *Alsa*-Bussen bedient *(www.alsa.es)*.

FLUGZEUG

València, Alacant und Murcia sind die internationalen Flughäfen der Region. Alle drei stehen auf den Flugplänen verschiedener Low-cost-Airlines. València wird ab zahlreichen Städten von *Air Berlin* (www.airberlin.com; österreichischer Partner ist *Niki* | www.flyniki.com; Verbindungen via Palma de Mallorca) und *Tuifly* (www.tuifly.com) angeflogen. Nach Alacant und Murcia geht es ebenfalls mit *Air Berlin/Niki*. Achtung bei Aktionspreisen: Bei Online-Buchungen erschließen sich Steuern und versteckte Gebühren nicht immer auf den ersten Blick. Das gilt vor allem für *Ryanair* (www.ryanair.com), die je nach Saison Alacant und València von diversen Flughäfen aus ansteuert.

AUSKUNFT

Spanische Fremdenverkehrsämter:
– *Kurfürstendamm 63 | 10707 Berlin | Tel. 030/882 65 43 | Fax 882 66 61 | berlin@tourspain.es*
– *Grafenberger Allee 100 | 40237 Düsseldorf | Tel. 0211/680 39 81 | Fax 680 39 85 | duesseldorf@tourspain.es*
– *Myliusstr. 14 | 60323 Frankfurt/M. | Tel. 069/72 50 38 | Fax 72 53 13 | frankfurt@tourspain.es*
– *Postfach 151940 | 80051 München | Tel. 089/530 74 60 | Fax 530 74 620 | munich@tourspain.es*
– *Walfischgasse 8 | 1010 Wien | Tel. 01/512 95 80 | Fax 512 95 81 | viena@tourspain.es*
– *Seefeldstr. 19 | 8008 Zürich | Tel. 044/253 60 50 | Fax 252 62 04 | zurich@tourspain.es*

In Spanien hilft das jeweils örtliche Tourismusbüro *(oficina de turismo)* weiter.

AUTO

Streng geahndet werden das Überschreiten der Promillegrenze von 0,5 und die Handybenutzung am Steuer. Fahrzeuge dürfen nicht privat abgeschleppt werden, beim Tanken müssen Licht und Radio ausgeschaltet sein. Höchstgeschwindigkeit innerorts 50 km/h, auf Landstraßen – abhängig von der Beschilderung – 90 bzw. 100 km/h, auf Autobahnen 120 km/h. Ins Auto gehören zwei Warndreiecke und eine reflektierende Warnweste.

BANKEN & KREDITKARTEN

Banken haben in der Regel Mo–Fr 9–14 Uhr geöffnet. Kreditkarten wie Visa sind weit verbreitet, Geldautomaten längst Standard.

CAMPING

An der Küste finden Camper gute Verhältnisse vor. Dabei findet man nicht nur die üblichen Stellplätze, sondern mitunter auch Areale mit Bungalows. Zu beachten ist, dass nicht alle Campingplätze ganzjährig öffnen, manche sind nur von Ostern bis Oktober in Betrieb. Internetinfos auch auf Deutsch unter www.infocamping.com.

DIPLOMATISCHE VERTRETUNGEN

– *Deutsches Honorakonsulat | Pl. Calvo Sotelo 1–2, 5° | Alacant | Tel. 965 21 70 60 | Fax 965 21 52 34 | www.madrid.diplo.de*

– *Deutsches Honorakonsulat | Av. Marqués de Sotelo 3, 6°, 13 C | València | Tel. 963 10 62 53 | Fax 963 94 23 88*

– *Österreichisches Honorakonsulat | C/. Convento Santa Clara 10-2-3 | València | Tel. 963 52 22 12 | Fax 963 51 12 20 | www.bmeia.gv.at*

– *Schweizer Honorakonsulat | C/. Cronista Carreres, 9–7°i | València | Tel./Fax 963 51 88 16 | www.eda.admin.ch/eda/de/home.html*

EINREISE

Für EU-Bürger reicht der Personalausweis. Bei der Einreise aus EU-Ländern findet im Regelfall keine Kontrolle statt.

FKK

Oben ohne mag zum Standard gehören, ganz ohne nicht. Für Liebhaber textilfreier Sonnen- und Badefreuden sind vereinzelt eigene Strandabschnitte ausgewiesen *(playas naturistas)*.

FOTOGRAFIEREN

Bringen Sie ausreichend Fotomaterial von daheim mit! Das gilt für herkömmliche Filme ebenso wie für Speicherkarten. In Spanien ist meist alles teurer, auch Filmentwicklung und Abzüge jedweder Art. Keine Regel ohne Ausnahme: Batterien sind oft billiger zu haben! Beachten Sie, dass in manchen Kirchen und Museen das Fotografieren verboten ist.

GESUNDHEIT

In Spanien gilt die Europäische Krankenversicherungskarte, doch gibt es weder freie Arztwahl, noch sind Zahnbehandlungen enthalten. Wer auf Nummer sicher gehen will, schließt zusätzlich eine Reisekrankenversicherung ab. Mit Blick auf die Kostenerstattung ist wichtig, dass man sich vom behandelnden Arzt die Rechnung genau aufschlüsseln lässt; das gilt auch für Medikamente. Im Zielgebiet haben sich einige deutschsprachige Ärzte niedergelassen.

INTERNET

www.spain.info (allgemeine Website zu Spanien, sehr gut aufgemacht, auch auf Deutsch)

www.castellon-costaazahar.com (Costa del Azahar und Castelló de la Plana)

www.comunitatvalenciana.com (Autonome Gemeinschaft València)

www.costablanca.org | *www.turismocostablanca.com* (Costa Blanca)

www.murciaturistica.es (Region Murcia, Costa Cálida)

www.turisvalencia.es (Stadt València)

www.hrs.de (bewährte deutsche Seite mit Hotelreservierungen und guten Suchmöglichkeiten)

www.rusticae.es (kleine, stilvolle Hotels abseits der Hauptrouten; Seite auf Spanisch oder Englisch)

www.infocostablanca.com (aktuelle Angaben der Wetterstation Alacant)

www.wetteronline.de (Vorhersagen für die Ferienregionen

www.costa-info.de (unter *Termine* gute Übersicht über Konzerte, Kino, Kunstausstellungen, Vorträge)

www.costablancaweb.eu (mit Übersicht zu Märkten)

PRAKTISCHE HINWEISE

INTERNETCAFÉS & WLAN

WLAN ist auf Spanisch als Wifi bekannt und wird auf Flughäfen, in Hotels und anderen Einrichtungen immer öfter als Service angeboten; in manchen Hotels ist Wifi jedoch kostenpflichtig. Darüber hinaus findet man in vielen Städten und Touristenorten Internetcafés und -zentren (*ciber* oder *cibercafés*), allerdings wechseln die Adressen häufig. Preisliche Richtwerte: eine halbe Stunde kostet 1–1,50 Euro, die ganze Stunde 2–3 Euro.

– *Benidorm: El Otro Mundo de Jaime | C/. Ruzafa 2 | Tel. 965867904*

– *Dénia: Ciberdenia | Senija 5 | www.ciberdenia.com*

– *València: Cibercafé Ono.com | San Vicente Mártir 22 | Tel. 963281902*

MIETWAGEN

An den internationalen Flughäfen sind bekannte Verleiher ansässig, Vorbuchungen von daheim sparen Geld. Vergleichen Sie die Angebote im Internet, z.B. bei *Holiday Autos (www.holidayautos.de)* und *Auto Europe (www.autoeurope.de)*. Gute Angebote auch bei *Centauro (www.centauro.net)*. Bei frühzeitiger Buchung bekommt man einen Kleinwagen ab 130 Euro pro Woche, inklusive Freikilometer und Steuern.

NOTRUF

Tel. 112: allgemeine Notfälle
Tel. 091: Nationalpolizei
Tel. 092: städtische Polizei

ÖFFENTLICHE VERKEHRSMITTEL

Das beliebteste Verkehrsmittel ist der Bus, für den das durchweg sehr gut ausgebaute Streckennetz spricht. Die Buspreise sind meist günstiger und die Verbindungen häufiger als bei der Bahn. Jeder größere Ort verfügt über eine Busstation bzw. über einen zentralen Busbahnhof *(estación de autobuses)*. Auf dem Weg zum Zug führt der Weg Richtung Bahnhof, zur *estación de Renfe*.

ÖFFNUNGSZEITEN

Strenge Ladenschlusszeiten gibt es in Spanien nicht. Man kann davon ausgehen, dass die Geschäfte Mo bis Sa 9.30/10–13.30/14 und 16.30–20 Uhr öffnen, während der Hauptsaison in Touristenzentren auch sonntags. Spanier kaufen gerne in Großsupermärkten *(hipermercados)* an den Stadträndern ein, die Mo–Sa 10–22 Uhr ohne Mittagspause geöffnet haben. Uneinheitlich gehandhabt sind die Öffnungszeiten bei Postämtern; manche schieben Siesta ein, samstags ist ge-

> WAS KOSTET WIE VIEL?

> KAFFEE	1 EURO kleiner Milchkaffee *(cortado)*
> MUSEUM	3–4 EURO für eine Eintrittskarte
> BENZIN	1,25 EURO für einen Liter Super
> TAGESMENÜ	AB 8 EURO in einfachem Restaurant
> BUSFAHRT	8–9 EURO für 100 km
> WEIN	AB 1 EURO für ein Glas in der Bar

gen Mittag jedoch bei allen Schalterschluss. Behörden öffnen in der Regel Mo–Fr 9–14 Uhr.

POST

Briefe bis 20 g und Postkarten in EU-Länder sowie in die Schweiz (zzt. 60 Cent) brauchen wenige Tage Laufzeit, das Porto steigt immer zu Jahresbeginn. Briefmarken sind in Postämtern sowie in Tabakläden *(tabacos)* erhältlich.

PREISE

Angesichts der hohen Preissteigerungen der letzten Jahre ist das finanzielle Niveau mit daheim vergleichbar. Manches ist billiger (Wein, öffentlicher Transport, Obst und Gemüse), anderes kann teurer sein (z. B. ein Abendessen). Bei Hotel- und Restaurantpreisen ist meistens klein vermerkt, dass die Mehrwertsteuer (*Iva,* 7 Prozent) hinzukommt.

SICHERHEIT

In touristisch frequentierten Orten und Städten hat sich die Polizeipräsenz erhöht, um der Kleinkriminalität Einhalt zu gebieten. Damit sind Taschendiebstähle jedoch nicht vom Tisch. Autofahrer sollten dringend den Ratschlag beherzigen, nicht das Geringste sichtbar im Wageninnern zu lassen. Wertsachen gehören in den Hotelsafe, der meist eine kleine Extragebühr kostet. Insgesamt gesehen ist der Alltag in Spanien jedoch nicht gefährlicher als daheim.

SPANISCH LERNEN

Sprachschulen bieten diverse Kurse an, das Mindestalter ist meist 18 Jahre. Angebote u. a. bei *Galileo Galilei* in València und Alacant *(Infos über die Zentrale in Salamanca: Tel. 923 27 72 00 | www.galileoschool.com)* sowie *Proyecto Español* in Alacant *(C/. García Morato 41 | Tel. 965*

WETTER IN ALACANT

	Jan.	Feb.	März	April	Mai	Juni	Juli	Aug.	Sept.	Okt.	Nov.	Dez.
Tagestemperaturen in °C	16	17	19	21	24	27	30	31	28	25	19	17
Nachttemperaturen in °C	5	6	8	10	13	16	19	19	18	14	7	7
Sonnenschein Std./Tag	6	7	7	9	10	11	12	11	9	7	6	6
Niederschlag Tage/Monat	4	4	4	4	3	2	1	1	4	4	6	5
Wassertemperaturen in °C	14	14	14	15	17	20	24	25	24	21	18	15

23 06 55 | Fax 965 14 53 30 | www.spanischkurs-alicante.com).

STROM

220 Volt, normale Stecker.

TELEFON & HANDY

Bei Auslandsgesprächen: 00, dann die Landeskennzahl (Deutschland 49, Österreich 43, Schweiz 41), die Ortsvorwahl ohne 0 und die Teilnehmernummer. Die Vorwahl nach Spanien ist die 0034, dann direkt die Rufnummer. In Spanien beginnen kostenintensivere Servicenummern, bei denen man häufig lange in der Warteschleife hängt, mit 902; spanische Handynummern erkennt man an der 6 zu Beginn. Öffentliche Telefónica-Zellen benutzt man am besten mit Telefonkarten *(tarjetas telefónicas)*. Diese Karten zu 6 und 12 Euro sind in Tabakläden erhältlich.

Beim Roaming spart, wer das günstigste Netz wählt. Mit einer spanischen Prepaid-Karte (z.B. von *Amena* oder *Orange*) entfallen die Gebühren für eingehende Anrufe. Prepaid-Karten wie die von Global-Sim *(www.globalsim.net)* oder Globilo *(www.globilo.de)* sind zwar teuer, ersparen aber ebenfalls alle Roaming-Gebühren. Und: Sie bekommen schon zu Hause Ihre neue Nummer. Immer günstig sind SMS. Hohe Kosten verursacht die Mailbox: noch im Heimatland abschalten!

TRINKGELD

Spanier sind keine Trinkgeldfanatiker. Zufriedene Gäste geben im Restaurant 5–10 Prozent. In Kneipen reicht es, den Betrag aufzurunden. Taxifahrer erwarten kein Trinkgeld.

UNTERKUNFT

Die Spanne reicht von der einfachen Pension *(pensión)* über den Gasthof *(hostal)* bis zum Spitzenhotel. Als gute Hotelketten gelten *NH (www.nh-hotels.com)* und *Tryp* bzw. *Meliá (www.solmelia.com)* sowie die *Paradores (www.parador.es)*. Im Trend liegen Landhäuser *(casas rurales)* im Hinterland. Auf die Vermittlung charmanter, exklusiver Bleiben auf dem Land hat sich die Kette *Rusticae* spezialisiert *(www.rusticae.es)*. Sparfüchse quartieren sich in Jugendherbergen ein *(www.reaj.com)*. In Spanien gibt man Zimmerpreise meist ohne Frühstück an, während in vereinzelten Hotels Halb- oder Vollpension gebucht werden muss.

ZEITUNGEN

In Ferienzentren haben sich die Zeitungsläden auf die internationale Klientel eingestellt. Tageszeitungen sind aktuell erhältlich, vor Ort erscheint die Wochenzeitung „Costa Blanca Nachrichten" *(www.cbn.es)*. Spanier sind eifrige Zeitungsleser, im Regelfall liegen in Kneipen die aktuellen Publikationen aus. Regionalzeitungen sind eine wichtige Informationsquelle für Busfahrpläne, Veranstaltungen etc. Auf nationaler Ebene ist man mit den seriösen Blättern „La Razón" und „El País" gut beraten.

ZOLL

Innerhalb der EU dürfen alle Waren für den persönlichen Gebrauch frei ein- und ausgeführt werden, u.a. 800 Zigaretten, 10 l Spirituosen und 90 l Wein. Für Schweizer gelten geringere Freimengen, u.a. 1 l Spirituosen und 200 Zigaretten.

> ¿HABLAS ESPAÑOL?

„Sprichst du Spanisch?" Dieser Sprachführer hilft Ihnen, die wichtigsten Wörter und Sätze auf Spanisch zu sagen

Aussprache

Zur Erleichterung der Aussprache:

c	vor „e" und „i" stimmloser Lispellaut stärker als engl. „th"
ch	stimmloses „tsch" wie in „tschüss"
g	vor „e, i" wie deutsches „ch" in „Bach"
gue, gui/que, qui	das „u" ist immer stumm, wie deutsches „g"/„k"
j	immer wie deutsches „ch" in „Bach"
ll, y	wie deutsches „j" zwischen Vokalen. Bsp.: Mallorca
ñ	wie „gn" in „Champagner"

AUF EINEN BLICK

Ja./Nein.	Sí./No.
Vielleicht.	Quizás./Tal vez.
In Ordnung./Einverstanden!	¡De acuerdo!/¡Está bien!
Bitte./Danke.	Por favor./Gracias.
Vielen Dank!	Muchas gracias.
Gern geschehen.	No hay de qué./De nada.
Entschuldigung!	¡Perdón!
Wie bitte?	¿Cómo dice/dices?
Ich verstehe Sie/dich nicht.	No le/la/te entiendo.
Ich spreche nur wenig …	Hablo sólo un poco de …
Können Sie mir bitte helfen?	¿Puede usted ayudarme, por favor?
Ich möchte …	Quiero …/Quisiera …/Me gustaría …
Das gefällt mir (nicht).	(No) me gusta.
Haben Sie …?	¿Tiene usted …?
Wie viel kostet es?	¿Cuánto cuesta?

KENNENLERNEN

Guten Morgen!	¡Buenos días!
Guten Tag!	¡Buenos días!/¡Buenas tardes!
Guten Abend!	¡Buenas tardes!/¡Buenas noches!
Hallo! Grüß dich!	¡Hola! ¿Qué tal?
Ich heiße …	Me llamo …
Wie ist Ihr Name, bitte?	¿Cómo se llama usted, por favor?
Wie geht es Ihnen/dir?	¿Cómo está usted?/¿Qué tal?
Danke. Und Ihnen/dir?	Bien, gracias. ¿Y usted/tú?
Auf Wiedersehen!	¡Adiós!
Bis morgen!	¡Hasta mañana!

SPRACHFÜHRER SPANISCH

UNTERWEGS

AUSKUNFT

links/rechts	a la izquierda/a la derecha
geradeaus	todo seguido/derecho
nah/weit	cerca/lejos
Wie weit ist das?	¿A qué distancia está?
an der Ampel	al semáforo
an der nächsten Ecke	en la primera esquina
Bitte, wo ist …	Perdón, ¿dónde está …
… der Busbahnhof?	… la estación de autobuses?
… die Haltestelle?	… la parada?
Fahrplan	horario
Eine Fahrkarte nach … bitte.	Un billete para …, por favor.
Ich möchte hier aussteigen.	Quiero bajar aquí.
Ich möchte … mieten.	Quisiera alquilar …
… ein Auto …	… un coche.
… ein Boot …	… un barco.

PANNE

Ich habe eine Panne.	Tengo una avería.
Würden Sie mir bitte einen Abschleppwagen schicken?	¿Puede usted enviarme un cochegrúa, por favor?
Gibt es hier in der Nähe eine Werkstatt?	¿Hay algún taller por aquí cerca?

TANKSTELLE

Wo ist bitte die nächste Tankstelle?	¿Dónde estála gasolinera más cercana, por favor?
Ich möchte … Liter …	Quisiera … litros de …
… Normalbenzin.	… gasolina normal.
… Super./… Diesel.	… súper./… diesel.
Voll tanken, bitte.	Lleno, por favor.

UNFALL

Hilfe!	¡Ayuda!/¡Socorro!
Achtung!	¡Atención!
Rufen Sie bitte schnell …	Llame enseguida …
… einen Krankenwagen.	… una ambulancia.
… die Polizei.	… a la policía.
… die Feuerwehr.	… a los bomberos.

Haben Sie Verbandszeug? | ¿Tiene usted botiquín de urgencia?
Es war meine Schuld. | Ha sido por mi culpa.
Es war Ihre Schuld. | Ha sido por su culpa.
Geben Sie mir bitte Ihren Namen und Ihre Anschrift. | ¿Puede usted darme su nombre y dirección?

ESSEN/UNTERHALTUNG

Wo gibt es hier …	¿Dónde hay por aquí cerca …
… ein gutes Restaurant?	… un buen restaurante?
… ein nicht zu teures Restaurant?	… un restaurante no demasiado caro?
Reservieren Sie uns bitte für heute Abend einen Tisch für vier Personen.	¿Puede reservarnos para esta noche una mesa para cuatro personas?
Die Speisekarte, bitte.	La carta, por favor.
Könnte ich bitte … haben?	¡Tráigame …, por favor!
… ein Messer?	… un cuchillo?
… eine Gabel?	… un tenedor?
… einen Löffel?	… una cuchara?
… eine Serviette	… una servilleta?
Auf Ihr Wohl!	¡Salud!
Bezahlen, bitte.	¡La cuenta, por favor!

EINKAUFEN

Wo finde ich …	Por favor, ¿dónde hay …
… eine Apotheke?	… una farmacia?
… eine Bäckerei?	… una panadería?
… ein Fotogeschäft?	… una tienda de artículos fotográficos?
… ein Einkaufszentrum?	… un centro comercial?
… ein Lebensmittelgeschäft?	… una tienda de comestibles?
… den Markt?	… el mercado?

ÜBERNACHTUNG

Können Sie mir bitte … empfehlen?	Perdón, señor/señora/señorita. ¿Podría usted recomendarme …
… ein Hotel …	… un hotel?
… eine Pension …	… una pensión?
Ich habe ein Zimmer reserviert.	He reservado una habitación.
Haben Sie noch …	¿Tienen ustedes …?
… ein Einzelzimmer?	… una habitación individual?
… ein Zweibettzimmer?	… una habitación doble?
… mit Dusche/Bad?	… con ducha/baño?
… für eine Nacht?	… para una noche?

… für eine Woche?	… para una semana?
… ein ruhiges Zimmer?	… una habitación tranquila?
Was kostet das Zimmer mit …	¿Cuánto cuesta la habitación con …
… Frühstück?	… desayuno?
… Halbpension?	… media pensión?

PRAKTISCHE INFORMATIONEN

ARZT

Können Sie mir einen guten Arzt empfehlen?	¿Puede usted indicarme un buen médico?
Ich habe hier Schmerzen.	Me duele aquí.
Ich habe …	Tengo …
… Kopfschmerzen.	… dolor de cabeza.
… Zahnschmerzen.	… dolor de muelas.
… Durchfall.	… diarrea.
… Fieber.	… fiebre.

POST

Was kostet …	¿Cuánto cuesta …
… ein Brief …	… una carta …
… eine Postkarte …	… una postal …
… nach Deutschland?	… para Alemania?
Eine Briefmarke, bitte.	Un sello, por favor.

ZAHLEN

0	cero	19	diecinueve
1	un, uno, una	20	veinte
2	dos	21	veintiuno, -a, veintiún
3	tres	22	veintidós
4	cuatro	30	treinta
5	cinco	40	cuarenta
6	seis	50	cincuenta
7	siete	60	sesenta
8	ocho	70	setenta
9	nueve	80	ochenta
10	diez	90	noventa
11	once	100	cien, ciento
12	doce	200	doscientos, -as
13	trece	1000	mil
14	catorce	2000	dos mil
15	quince	10000	diez mil
16	dieciséis		
17	diecisiete	1/2	medio
18	dieciocho	1/4	un cuarto

Strand bei Alacant

> UNTERWEGS AN DER COSTA BLANCA

Die Seiteneinteilung für den Reiseatlas finden Sie auf dem hinteren Umschlag dieses Reiseführers

REISE ATLAS

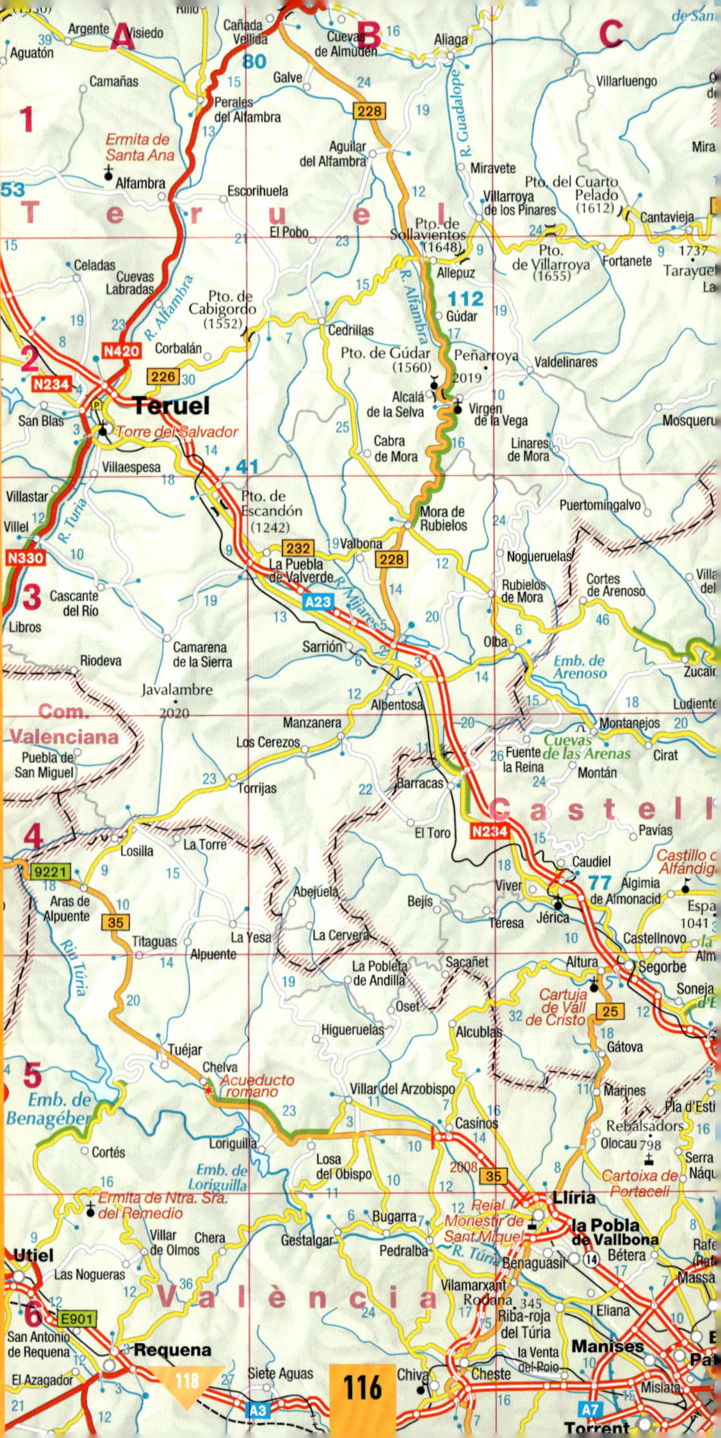

A
B
C
Argente
Visiedo
Aguatón
Cañada Vellida
Cuevas de Almudén
Aliaga
Camañas
Perales del Alfambra
Galve
Villarluengo
Ermita de Santa Ana
Aguilar del Alfambra
R. Guadalope
Mira
Alfambra
Escorihuela
Miravete
Pto. del Cuarto Pelado (1612)
Villarroya de los Pinares
Cantavieja
Teruel
El Pobo
Pto. de Sollavientos (1648)
Pto. de Villarroya (1655)
Fortanete
Tarayuela
Celadas
Cuevas Labradas
Allepuz
R. Alfambra
Pto. de Cabigordo (1552)
Gúdar
Cedrillas
Pto. de Gúdar (1560)
Peñarroya 2019
Valdelinares
Corbalán
N420
N234
226
228
Teruel
Alcalá de la Selva
Virgen de la Vega
Mosqueruela
San Blas
Torre del Salvador
Cabra de Mora
Linares de Mora
Villaespesa
Villastar
Pto. de Escandón (1242)
Mora de Rubielos
Puertomingalvo
Villel
R. Turia
N330
232
Valbona
La Puebla de Valverde
Nogueruelas
Rubielos de Mora
Cortes de Arenoso
Cascante del Río
A23
R. Mijares
Libros
Camarena de la Sierra
Sarrión
Olba
Emb. de Arenoso
Zucaina
Riodeva
Javalambre 2020
Albentosa
Ludiente
Com. Valenciana
Manzanera
Los Cerezos
Montanejos
Cuevas de las Arenas
Cirat
Puebla de San Miguel
Fuente la Reina
Montán
Torrijas
Barracas
Castell
El Toro
Pavías
Losilla
La Torre
Caudiel
Castillo de Alfándiga
9221
Viver
Algimia de Almonacid
Aras de Alpuente
Abejuela
Bejís
Jérica
Teresa
35
Titaguas
La Yesa
Alpuente
La Cervera
Castellnovo
Río Túria
La Pobleta de Andilla
Sacañet
Altura
Segorbe
Oset
Cartuja de Vall de Cristo
Soneja
25
Higueruelas
Alcublas
Gátova
Tuéjar
Chelva
Acueducto romano
Villar del Arzobispo
Marines
Emb. de Benagéber
Casinos
Rebalsadors
Olocau 798
Pla d'Estivella
Cortés
Loriguilla
Losa del Obispo
Emb. de Loriguilla
Cartoixa de Portaceli
Serra
Ermita de Ntra. Sra. del Remedio
Llíria
Reial Monestir de Sant Miquel
la Pobla de Vallbona
Utiel
Villar de Olmos
Chera
Gestalgar
Bugarra
Pedralba
R. Túria
Benaguasil
Bétera
Las Nogueras
València
Vilamarxant
Rodana 345
Riba-roja del Túria
l'Eliana
Massamagrell
E901
San Antonio de Requena
Requena
la Venta del Poio
Manises
Paterna
El Azagador
118
Siete Aguas
Chiva
Cheste
Mislata
A3
A7
Torrent

D
E
F
1
2
3
4
5
6
Port de Torre Miró (1250)
Coratxà
Convent de Benifassà
Cova del Rossegadó
la Galera
La Todolella
Castell de Cabres
la Pobla de Benifassà
la Sénia
Forcall
Morella
132
Vallibona
Rosell
Ulldecona
Ermita de SantaÀgata
Sant Rafael del Maestrat
Canet lo Roig
Vinaròs/Ulldecona
Alcanar
Cinctorres
Port de Querol (784)
la Vallivana
Mola Murada
Ermita de Sant Pere
Traiguera
Xert
Sant Jordi del Maestrat
N238
Portell de Morella
Castellfort
N232
la Jana
Autopista del Mediterráneo
Vinaròs
Ares 1318
Catí
Sant Mateu
AP7
Ares del Maestrat
Barranc d'En Gasulla
Castell de Montesa
Cervera de Maestrat
Càlig
Benicarló
Vilafranca del Maestrat
Castell de Corbons
la Torre dels Beltrans
Tírig
La Salzedella
Benasal
els Cavalls de la Valltorta
Castell del Papa Luna
Peñíscola
Culla
Albocàsser
Sant Pau
Santa Magdalena de Polpís
Vistabella del Maestrat
La Torre d'En Besora
Les Coves de Vinromà
Alcalà de Xivert
E15
Castell de Pulpís
P. Nat. Serra d'Irta
163
Sant Joan Penyagolosa
Torre dels Domenges
Torreblanca/Alcossebre
Alcossebre
Benlloch
Torreblanca
Torrenostra
Atzeneta del Maestrat
Pelejaneta
la Ribera
N340
les Useres (Useras)
La Vall d'Alba
Arc romà de Cabanes
Cabanes
P. Nat. Prat de Cabanes-Torreblanca
Castell Duc d' Híjar
Llucena
Castell de Miravet
Figueroles
Vilafamés
Rambla de la Viuda
Orpesa/Benicàssim
Desierto d. l. Palmas
Orpesa
Castillo Muela
L'Alcora
Panta de Maria Cristina
la Pobla Tornesa
A7
Aquarama
Benicàssim
Borriol
Pantà de Sitjar
Ribesalbes
Benadresa
Castelló Nord
Costa del Azahar
CASTELLÓ de la Plana
Monestir Carmen
Castelló Sud
R. Millars
el Grau de Castelló
Islas Columbretes
Onda
Almassora (Almazora)
Betxí
Vila-real (Villarreal de los Infantes)
Artana
Eslida
Borriana
Vilavella
el Port de Borriana
la Vall d' Uixó
Nules
La Plana
Platja de Nules
Cova de Sant Josep
Moncófa
Vall d' Uixó
Chilches
N225
Almenara
la Platja
AP7
Faura
Platja de Xilxes
Ruïnes del Temple de Venus
S. Norte
Golf de València
Sagunt (Sagunto)
el Port de Sagunt
Costa de València
Puig
V21
10 km
Platja de la Malvarrosa
VALÈNCIA
Palma de Mallorca, Maó, Salerno, Palermo
119

A
B
C
116
Los Ruices
Venta del Moro
Requena
E901
Siete Aguas
Chiva
Cheste
del Túria
La Venta del Poio
67
A3
1
Campo Arcis
Los Isidros
Collado de Cruz de Cofrentes
(710)
La Portera
Yátova
Buñol
Godelleta
Turís
València
50
Parque Nat. de las Hoces del Cabriel
Los Pedrones
Martés
1086
Emb. de Forata
R. Magro
Montroy
R. Cabriel
Ermita de la Encarnación
Casas de Ves
Casas del Río
Venta de Gaeta
Dos Aguas
Balsa de Ves
Castell de Chiret
Cortes de Pallás
Millares
R. Júcar
Sant Antoni de Llombai
Santa Bárbara
2
Cofrentes
83
Cruz de la Cueva Alta
Jalance
Com.
l'Alcúdia
68
Jarafuel
Emb. de Tous
Bicorp
Teresa de Cofrentes
Cova de l'Aranya
Caroch
1126
Emb. de Escalona
Navarrés
Alberique
Alatoz
Carcelén
Ermita de la Mare de Déu de Gràcia
Cova del Sordo
Sumacàrcer
Ayora
Anna
Cueva de la Vieja
Cueva del Pilar
N330
Valènciana
3
Casas de Madrona
Benalí
Alpera
Enguera
l'Alcúdia de Crespins
Castilla-
Laguna de San Benito
Montesa
Sierra Pel Wigrón
1209
Cueva del Rey Moro
53
Navalón de Arriba
Moixent (Mogente)
Vallada
Cueva del Gato
40
Bonete
Almansa
A35
Aielo de Malferit
Ermita de Belén
el Penyo
Pto. de Almansa
3220
(692)
Poblat ibèric
Ontinyent
412
A31
la Font de la Figuera
4
Montealegre del Castillo
La Mancha
Fontanars dels Alforins
Bocairent
Cerro de los Santos
La Oliva
1150
Benejama
81
Bañeres
Caudete
Erm. de la Mare de Déu del Pilar
Ermita de Polop
Cueva del Arabí
El Pulpillo
3223
Cañada
P. Nat. del Carrascar de la Font Roja
404
100
Onil
Reg. de
81
Villena
Biar
Ibi
Yecla
80
Castalla
N344
Pto. de Jumilla
5
Alac
Morrones
936
Sax
Tibi
Fuente del Pino
Salinas
Murcia
Maigmó
1296
Iglesia de Santiago
Portichuelo
Lag. de Salinas
Elda
Petrer
Castell de Tibi
Jumilla
A7
Monóvar
Agost
1371
Carche
83
Monasterio de Santa Ana
Xinorlet
Novelda
Monforte del Cid
San Vicente del Raspeig
3213
Pinoso
A31
la Romana
el Rodriguillo
Aspe
6
N344
Algueña
Hondón de las Nieves
ELX (ELCHE)
Rebolledo
Casablanca
Torrellano Alto
Emb. del Moro
121
N325
Barinas
Venta del Tollo
1264
Pila
Blanca
Macisvenda
Crevillente
N340
Palmeral

D
E
F
117
1
2
3
4
5
6
Burjassot
Paterna
Platja de la Malvarrosa
VALÈNCIA
Mislata
Pinedo
Platja de Pinedo
el Saler
Catarroja
Silla
Parque Natural de l'Albufera
L' Albufera
el Palmar
Benifaió
Almussafes
el Perelló
Platja de les Palmeres
les Palmeres
Sollana
N332
Sueca
la Torre del Cap
Algemesí
Cullera
E15
Alzira
Corbera
Favara
Carcaixent
AP7
Tavernes de la Valldigna
la Pobla Llarga
Manuel
Simat de la Valldigna
la Safor
Xeraco
Mon. de Simat
Tavernes/Xeresa
el Grau de Gandía
Cova del Parpalló
Cast.de Chío
Cova Negra
S. Jeroni de Cotalba
Gandía
Benigánim
Llutxent
Bellreguard
Platja d' Oliva
Conv.de Sant Domènec
Ròtova
Oliva
Castelló de Rugat
Cova de l' Or
R. Serpis
la Font d'En Carròs
Villalonga
Oliva/Pego
Pas de l' Infern
Platja de Vergel
Dénia
Vergel
Sant Antoni de Portmany
Eivissa (Ibiza)
les Rotes
P. Nat. del Montgò
Cap de Sant Antoni
Xàbia (Jávea)
Port d'Albaida (600)
l' Orxa (Lorcha)
Pego
Ondara
Poblat Ibèric
Montgò 753
Beniarrés
Pantà de Beniarrés
Sagra
Ondara/Dénia/Xàbia
Gata de Gorgos
Agres
Muro del Alcoy
Benimaurell
Orba
Pedreguer
San Antonio
la Gorja
Benitachell
Cova dels Orgu
Cap de la Nau
Castell de Castells
Jalón
Benissa
Costa Nova
Platja de Granadella
Benilloba
Teulada
Castell de Guadalest
Coll de Rates (780)
Benissa
Moraira
Benasau
Platja del Portet
Pta. de Moraira
Pobl.ibér. de la Serreta
147
Callosa d'En Sarrià
Aitana 1558
Benifallim
Platja del Castell
Ifac
Port de Benifallim (1000)
Port dels Tudons (1000)
Altea
Calp (Calpe)
Ruïnes de Calpea
Penyal d' Ifac (Peñón de Ifach)
Sella
la Nucia
Benidorm (Levante)
Altea
Torremanzanas
Relleu
Alfaz del Pi
Parque Nat. de la Serra Gelada i el seu entorn litoral
Finestrat
Benidorm
Xixona (Jijona)
Coves de Canalobre
Pantà de Sella
La Vila Joiosa
Pta. de l' Escaleta
Montbenidorm
La Marina
Busot
La Vila Joiosa (Villajoyosa)
N340
la Coveta Fumada
el Campello
S. Juan d'Alacant
l'Albufereta
Ruïnes de Lucentum
Cap de les Hortes
ALACANT (ALICANTE)
Alger
Wahrān
Golf de València
MAR MEDITERRÁNEO
Costa de València
Costa Blanca
Palma de Mallorca, Maó, Salerno, Palermo
Eivissa
10 km

A
B
C
1
2
3
4
5
6
Castilla-La Mancha
Región de Murcia
Hellín
Erm. de Sta. Bárbara
Nava de Campana
Isso
Cuevas de Minateda
Cobatillas
Agramón
Cancárix
Castellar
Jumilla
Iglesia de Santiago
Fuente del Pino
936
Monasterio de Santa Ana
Embalse del Cenajo
Cenajo
R. Segura
Férez
Ermita de San Felipe
Socovos
Tazona
Las Minas
Emb. de Camarillas
Cabeza del Asno
763
Castillo del Mayorazgo de Ascoy
Emb. del Judío
Emb. del Moro
Casablanca
Venta del Tollo
Ntra. Sra. de la Esperanza
La Tercia
Calasparra
Cieza
Abarán
Blanca
Emb. Carcabo
Emb. de Alfonso XIII (Quipar)
Las Ventanas
Moratalla
El Cobo
Valentín
La Pava
1427
Buitre
Canara
R. Argos
R. Quipar
Cagitán
Ulea
Archena
Caravaca de la Cruz
Cehegín
Emb. de La Cierva
Yéchar
Lorquí
Archivel
La Copa
Ceutí
Barranda
Bullas
Mula
El Niño
Alguazas
Las Torres de Cotillas
Albudeite
Ermita de la Encarnación
Almudema
Pliego
San Jerónimo
Canal de Taibilla
Alcantarilla
Ermita del Calvario
Coy
Pinar Hermoso
Sangonera La Verde
Librilla
Zarzadilla de Totana
La Paca
P. Nat. Sierra de Espuña
P. Reg. Carrascoy
Zarcilla de Ramos
Guadalupe
Alhama de Murcia
Ruta de Münzer
Carrascoy
1066
Cañuelas
Ermita Santa Eulalia
Aledo
Totana
Casas de Panes
Emb. de Puentes
Pantano de Puentes
Canal Margen Derecha
R. Sangonera
Los Maldonados
Fuente-Álamo
Fuensanta
Los Tuelas
La Hoya
Hinojar
Lorca
R. Guadalentín
La Pinilla
Ruta de Ibn al-Jatib
El Aljibe y las Brencas de Sicilia
Casa Palacio
Gañuelas
La Atalaya
Mazarrón
Pto. de Santa María de Nieva (1085)
Puerto Lumbreras
Altobordo
Esparragal
Ermita del Ramonete
Puerto de Mazarrón
Abejuela
Calnegre y Los Curas
Garrobillo
Urcal
Los Arejos
Los Estrechos
P. Reg. Cabo Cope
Pta. Cerro de la Cruz
Cope
María Nieva
Almendricos
Pulpí
Golfo de Mazarrón
El Saltador
Águilas
Castillo de San Juan
Huércal-Overa
Emb. de Cuevas del Almanzora
Santa Bárbara
El Rincón
Zurgena
Cuevas del Almanzora
San Juan de los Terreros
Los Lobos
367
Tenerife
Vera
Villaricos
Costa
412
3257
3314
3211
330
415
3315
602
603
332
332-2
327
334
A30
A91
A7
AP7
E15
N344
645
94
112
32

Elda
Petrer
Alacant
Monóvar
Pinoso
Novelda
Aspe
San Vicente del Raspeig
S. Juan d'Alacant
ELX (ELCHE)
ALACANT (ALICANTE)
Crevillente
Santa Pola
Cap de Santa Pola
Illa Plana o de Nova Tabarca
Orihuela
Guardamar del Segura
Torrevieja
MURCIA
San Javier
Mar Menor
Torre-Pacheco
Los Alcázares
La Unión
CARTAGENA
Cabo de Palos
Costa Blanca
Costa Cálida
MAR MEDITERRÁNEO
10 km

KARTENLEGENDE

18 26	Autobahn mit Anschlussstellen Motorway with junctions
	Autobahn in Bau Motorway under construction
	Mautstelle Toll station
	Raststätte mit Übernachtung Roadside restaurant and hotel
	Raststätte Roadside restaurant
	Tankstelle Filling-station
	Autobahnähnliche Schnellstraße mit Anschlussstelle Dual carriage-way with motorway characteristics with junction
	Fernverkehrsstraße Trunk road
	Durchgangsstraße Thoroughfare
	Wichtige Hauptstraße Important main road
	Hauptstraße Main road
	Nebenstraße Secondary road
	Fernverkehrsbahn Main line railway
	Autozug-Terminal Car-loading terminal
	Bergbahn Mountain railway
	Kabinenschwebebahn Aerial cableway
	Sessellift Chair-lift
	Eisenbahnfähre Railway ferry
	Autofähre Car ferry
	Schifffahrtslinie Shipping route
	Landschaftlich besonders schöne Strecke Route with beautiful scenery
Alleenstr.	Touristenstraße Tourist route
XI-V	Wintersperre Closure in winter
	Straße für Kfz gesperrt Road closed to motor traffic
8%	Bedeutende Steigungen Important gradients
	Für Wohnwagen nicht empfehlenswert Not recommended for caravans
	Für Wohnwagen gesperrt Closed for caravans
Kósciol farny	Sehenswürdigkeit Object of interest
	Badestrand Bathing beach
	Besonders schöner Ausblick Important panoramic view
	Ausflüge & Touren Excursions & tours
	Nationalpark, Naturpark National park, nature park
	Sperrgebiet Prohibited area
	Kirche Church
	Moschee Mosque
	Kloster Monastery
	Schloss, Burg Palace, castle
	Ruinen Ruins
	Leuchtturm Lighthouse
	Turm Tower
	Höhle Cave
	Ausgrabungsstätte Archaeological excavation
	Feriendorf Tourist colony
	Motel Motel
	Jugendherberge Youth hostel
	Allein stehendes Hotel Isolated hotel
	Berghütte Refuge
	Campingplatz Camping site
	Flughafen Airport
	Flugplatz Airfield
	Staatsgrenze National boundary
	Verwaltungsgrenze Administrative boundary
	Grenzkontrollstelle Check-point
	Grenzkontrollstelle mit Beschränkung Check-point with restrictions
MADRID	Hauptstadt Capital
VALÈNCIA	Verwaltungssitz Seat of the administration

REGISTER

In diesem Register sind alle in diesem Reiseführer erwähnten Orte und Ausflugsziele sowie wichtige Namen und Stichworte verzeichnet. Halbfette Seitenzahlen verweisen auf den Haupteintrag, kursive auf ein Foto.

> SCHREIBEN SIE UNS!

Liebe Leserin, lieber Leser,

wir setzen alles daran, Ihnen möglichst aktuelle Informationen mit auf die Reise zu geben. Dennoch schleichen sich manchmal Fehler ein – trotz gründlicher Recherche unserer Autoren/innen. Sie haben sicherlich Verständnis, dass der Verlag dafür keine Haftung übernehmen kann.

Wir freuen uns aber, wenn Sie uns schreiben.

Senden Sie Ihre Post an die
MARCO POLO Redaktion,
MAIRDUMONT, Postfach 31 51,
73751 Ostfildern,
info@marcopolo.de

IMPRESSUM

Titelbild: Calp/Calpe (Look: age fotostock)
Fotos: Steve Anderson (14 o.); Alexander Aretz (13 o.); A. Drouve (127); El Sekho (13 u.); G. Forst (98); © fotolia.com: CORRADO RIVA (12 u.); Friedrichsmeier: Widmann (3 M.); R. M. Gill (Klappe Mitte, 2 r., 4 l., 37, 41, 64, 67, 69); HB Verlag: Widmann (Klappe links, 3 l., 4 r., 5, 22/23, 34, 47, 51, 63, 74, 83, 123); Huber: Gräfenhain (6/7, 8/9, 16/17, 42/43, 72, 100/101), Schmid (24/25, 26, 52/53, 114/115); © iStockphoto.com: Ugur Bariskan (95 M.r.), Adam Booth (95 M.l.), Floortje (94 M.l.), Hedda Gjerpen (94 M.r.), Waltraud Ingerl (94 u.r.), Robert Kohlhuber (95 u.r.), Skip Odonnell (15 o.), polarica (94 o.l.), stocksnapper (95 o.l.), Konstantin Sutyagin (15 u.); Laif: Eid (85, 91), Hub (49), Jonkmanns (30/31, 54), Raach (11); Laif/Credit: Jonkmanns (32), Raach (39); La Manga Dive School SL (14 u.); Look: age fotostock (1); Frank Plegge (12 o.); T. Stankiewicz (57, 59, 88/89); White Star: Gumm (3 r., 27, 28, 29, 44, 48, 76/77, 96/97), Steinert (21); T. P. Widmann (Klappe rechts, 2 l., 18, 22, 23, 28/29, 60, 71, 78, 80/81, 87, 92, 102)

2. (7.), aktualisierte Auflage 2009

Chefredaktion: Michaela Lienemann, Marion Zorn
Autor: Andreas Drouve; Redaktion: Jochen Schürmann
Programmbetreuung: Jens Bey, Silwen Randebrock; Bildredaktion: Gabriele Forst
Szene/24h: wunder media, München
Kartografie Reiseatlas: © MAIRDUMONT, Ostfildern
Innengestaltung: Zum goldenen Hirschen, Hamburg; Titel/S. 1–3: Factor Product, München
Sprachführer: in Zusammenarbeit mit Ernst Klett Sprachen GmbH, Stuttgart, Redaktion PONS Wörterbücher

Printed in Germany. Gedruckt auf 100% chlorfrei gebleichtem Papier

> UNSER AUTOR

MARCO POLO Insider Andreas Drouve im Interview

Andreas Drouve lebt seit Mitte der Neunzigerjahre in Spanien und ist als freier Autor und Journalist ständig auf Achse.

Wieso leben Sie in Spanien?

Ganz gewiss bereichert es immer, in einem fremden Kulturkreis zu leben. Seit Beginn meiner Zeit in Spanien ging es allerdings darum, als freiberuflicher Autor Reportagen und Bücher zu schreiben. Das hatte ich auch vorher schon gemacht. Mittlerweile sind es über 70 Kultur- und Reisebücher geworden.

Was gefällt Ihnen am Leben in Spanien?

Kurz gesagt: die Kontraste. Landschaften, Feste, Kultur, die herrlichen Strände, die Naturparks im Inland. València steht in meinen persönlichen Top Ten spanischer Städte. Hinzu kommt die spanische Mentalität, mit der man umzugehen wissen muss. Man legt nicht alles auf die Goldwaage, doch dererlei Lockerheit setzt sich auch bei Absprachen und Einhaltungen von Terminen fort. Was mich ebenfalls begeistert, ist die Küche, angeführt von den Tapas. Diese Tradition der Schlemmerkleinkunst mit den Häppchen ist bis heute grandios geblieben. Da macht man gerne mit, vor allem mit einem guten Wein dazu. Spanien ist einfach ein Land für Genießer, wobei Genüsse nicht zwangsläufig teuer sein müssen.

Sprechen Sie Spanisch?

Ja natürlich, ich spreche fließend Spanisch. Anders würde es kaum gehen. Spanisch hatte ich schon als Abiturfach und habe es, neben Germanistik und Völkerkunde, auch studiert.

Und was mögen Sie an Ihrer Wahlheimat nicht so?

Den Stierkampf, wie fast alle Ausländer. Im Alltag ist die gesetzliche Krankenversorgung katastrophal und oft mit langen Wartezeiten verbunden. Auf einen Arzttermin für meine kleinste Tochter haben wir gerade ein halbes Jahr warten müssen. Auch in Spanien wuchern Bürokratie und Beamtentum. Da hört der südländische Spaß auf.

Halten Sie Mittagsruhe, die Siesta?

Gegenfrage: Und wer soll dann die Arbeit erledigen? Nein, Siesta ist tabu.

Können Sie sich vorstellen, irgendwann wieder in Deutschland zu leben?

Ich fahre zwar nicht regelmäßig, aber immer mal wieder und gerne nach Deutschland. Familie und Freunde sind dort, manchmal halte ich Vorträge. Außerdem ist und bleibt Deutsch meine Muttersprache – und die kommt im spanischen Alltag zu kurz. Dennoch beantworte ich die Frage mit einem klaren spanischen „No“ ...